Das Wirkliche tapfer ergreifen

Das Wirkliche tapfer ergreifen
Dietrich Bonhoeffer – Eine Annäherung
Text Dr. Oliver Kohler, Mainz
Aquarelle Andreas Felger, Gnadenthal
Gestaltung und Herstellung Stefan Wiesner, Gnadenthal
Reproduktionen Digital Design Borgers, Hünstetten-Wallrabenstein
Druck und Bindung Freiburger Graphische Betriebe, Freiburg

Gnadenthal · 65597 Hünfelden
www.praesenz-verlag.de
ISBN 3-87630-060-6

Oliver Kohler

Das Wirkliche tapfer ergreifen

Dietrich Bonhoeffer –
Eine Annäherung

Mit Aquarellen von Andreas Felger

Präsenz

Voraus

Im Wissen um ein Land der Toten und ein Land der Lebenden wollen die folgenden Seiten gelesen sein. Keinen Augenblick sei die Grenze zwischen beiden Territorien vergessen. Biographische Kunst vermag immer nur eine Annäherung. Ihr Wesen ist das Fragment. Der Mensch, dem sie sich nähert, bleibt in seinem Weg und seinem Wirken, seiner Liebe und seinem Leiden, in seinem Triumph und seiner Katastrophe ein Geheimnis. Das Wissen um diese Unzugänglichkeit mündet aber nicht in Abwendung. Entwicklungslinien wie einen Flusslauf aus der Vogelperspektive zu betrachten und manches biographische Ereignis im Nahblick vielleicht besser zu verstehen, zählt zu den wunderbaren Möglichkeiten menschlicher Sympathie.

Die folgenden inneren Monologe des Häftlings Dietrich Bonhoeffer beruhen ausschließlich auf einer von Fakten inspirierten Imagination. In seinen Betrachtungen und Gedichten, seinen Notaten und Prosaarbeiten, seinen Briefen und Gesprächen, unter schwierigsten Bedingungen aus der Haft übermittelt, gibt er auf einzigartige Weise Einblick in seine Gedanken, Gefühle und Erfahrungen. Es erschien nicht angemessen, sie mit heute entstandenen Texten zu mischen. Ein Portrait-Versuch wie dieser, dessen Pinselbahnen aus Erinnerungswegen bestehen, sucht die Nähe dieses

Menschen, der extrem gelebt und gedacht, geliebt und gelitten hat. Seine Fähigkeit, der ihn bedrohenden Gewalt eine andere Wirklichkeit, geformt aus lebendigen Erinnerungen, aus dem Nachklang von Musik, Poesie und bildender Kunst, aus der dialogischen Offenheit für nahe Menschen und aus einem Vertrauen in die Gegenwart Gottes, entgegenzusetzen, lässt ihn bis heute zum Weggefährten werden. Ein traumatisierter Mensch kann nur weiteratmen, wenn er im Ureigenen seine Ressourcen entdeckt. Die zweijährige Haft wird so auch zu einer einzigartigen Entdeckungsreise. Bonhoeffer überlebt nicht, aber er übersteht. In seiner Ohnmacht erfährt er selbst die guten Mächte. Zu ihnen zählen die Träume als Brücken zwischen Vergangenheit, Gegenwart und Zukunft.

Texte von Autoren, die Bonhoeffer gelesen hat oder die in den Horizont seiner Reflexion passen, eröffnen die Traumwege und ermöglichen weitere Spiegelungen. Anders als über Spuren, Reflexe und Spiegelbilder sind Näherungen ja nicht möglich. Man mag die Traumbilder verwerfen, der Träumende selbst aber bleibt bedeutsam. So wollen die folgenden Seiten Lust und Neugier darauf wecken, Dietrich Bonhoeffer in seinem Wirken und in seinem Weg, in seinem Mut und in seiner Angst, in seiner Schroffheit und in seiner Zartheit, in seinem Glauben, seiner Hoffnung und seiner Liebe kennenzulernen. Jeder von uns kann sich nur selbst auf die Brücke wagen.

„Da ist ein Land der Lebenden und ein Land der Toten, und die Brücke zwischen ihnen ist die Liebe – das einzig Bleibende, der einzige Sinn."

THORNTON WILDER

London, heute

I

Ein reibungsloser Start. Die Metropole an der Themse ist das Ziel. Wolkenfetzen wehen heran. Gegenwart wird durchlässig für Vergangenes. Baumwipfel rücken in grünen Flächen zusammen. Straßen schrumpfen zu grauen Schnüren. Die blauen Lebensadern der Landschaft formen sich aus Flüssen, befahren von Schiffen in der Größe von Streichhölzern. Durch Wolkenfetzen hindurch wird Meer sichtbar. Diesen Weg nehmen deutsche Flugzeuge, beladen mit bedrohlicher Fracht. Immer neue Flugobjekte sollen das britische Inselreich einschüchtern und zerstören. Hass, Häme und Hohn sprachen von Wunder-Waffen – aber das Wunder gehört allein dem Ewigen, die Werkzeuge des Krieges dagegen dem seinen Urgrund verlierenden Menschen.

Vor dem Krieg, den Deutsche gegen Deutsche führen, finden viele Kinder, Frauen und Männer Zuflucht in England. Einige tragen ständig Veronal bei sich, um ihren Verfolgern zuvorzukommen, sollten diese den Kanal überwinden. Hilde Domin hat davon berichtet. Englische Soldaten verlassen ihre Familien, um in Afrika und Europa diese maßlose Gewalt einzudämmen. Nun fliegen todbringende Lasten in die entgegengesetzte Richtung. Häuser und Fabriken, Schlösser und

Burgen, Kirchen und Klöster, Märkte und Plätze, Ställe und Schleusen zerfallen. In die Seele der Augenzeugen brennen sich unauslöschliche Wunden.

Dietrich Bonhoeffer sieht diese grausame Rettung voraus. Ihre Notwendigkeit wurzelt in der Schwere der eingegangenen Verfehlung. Niemand geht unversehrt aus ihr hervor. Der Arzt kann diesen Erkrankten nur retten, wenn er Lebensqualität opfert. Für die aus den freien Ländern kommende Befreiung riskiert Bonhoeffer alles. Ihr Zusammenwirken mit dem Widerstand deutscher Bürgerinnen und Bürger, die in einer Doppelexistenz den Sturz des Diktators vorbereiten, scheint ihm die einzige Hoffnung zu sein. Lange schon beargwöhnt und verdächtigt, beruflich eingeschränkt und schließlich verhaftet, belegt ein Fund versteckter Akten seine Teilhabe an dem Rettungsversuch. Dieser misslingt am 20. Juli 1944 und wird doch zu einer Brücke in die Zukunft. Willkommen zu sein in den Metropolen und Provinzen Europas, Vertrauen zu finden als Partner von Verträgen und Vorhaben, die Traumata durch Gesten der Versöhnung mildern und manchmal vergessen zu können, verdankt sich Menschen wie Dietrich Bonhoeffer.

London trägt viele Narben des Krieges. Zu den im Bombenhagel eingestürzten und ausgebrannten Häusern des Glaubens zählt die St. Pauls-Kirche im Viertel Eastend. Im Herbst 1933 beginnt der junge Pfarrer Dietrich Bonhoeffer hier seine Arbeit. Neben dieser reformierten Kirche hat er die unierte Gemeinde von Sydenham zu betreuen. Die Nachfahren der aus Deutschland irgendwann eingewanderten Handwerker, Kaufleute und Diplomaten müssen ihren Geistlichen nach zwei Jahren schon wieder freigeben. Er kehrt zurück in das Land, dessen neue Ausrichtung sich verfestigt und verhärtet. Emigranten, denen er hilft, in London Fuß zu fassen, erzählen ihm von dem daheim Erlittenen. Bonhoeffer kann lange zuhören und das Gefühl wirklicher Teilhabe vermitteln. Zugleich vernetzt er neue Nachrichten mit dem vorhandenen Wissen, gespeist aus Zeitungsmeldungen, Telefonaten und Hinweisen des deutschen Botschafters. Diese Spannung durchzieht seine Biographie: Einer uralten Überlieferung ist er auf der Spur, aufbewahrt in einem einzigen Buch. Die Bibel erschließt Leben, und er lebt für ihre Erschließung. Er weiß aber auch um die Bedeutung von Information für eine Gesellschaft der Moderne. Nur der Transfer von Wissen kann Unrecht begrenzen. Er lebt für diesen Garanten des Überlebens. Eine zweite Spannung lagert sich über der ersten. Bonhoeffer denkt, handelt und lebt international. Dennoch gibt es keinen Ort der Erde, der ihn auf Dauer binden und davon zurückhalten kann, nach Deutschland zurückzukehren. Er ist ein Auswanderer, der immer wieder einwandert. Er ist ein ausgebürgerter Bürger. Dort bleibt er verwurzelt, wo sich immer mehr Feinde gegen ihn verbünden. Gehalten weiß er sich darin in Freundschaften jenseits von Ländergrenzen.

Eines der Wahrzeichen Londons birgt auch eine Spur der Wahrheit, für die Bonhoeffer eintritt. Die Dimensionen der Abtei von Westminster lassen den Menschen klein werden, aber sie erdrücken ihn nicht. Der Raum weitet sich für die Begegnung mit dem Unsichtbaren.

Sich unter einer solchen umfriedeten Höhe zu bewegen, ist ungewohnt. Momente des Erschreckens wechseln mit einem Gefühl von Leere. Dazwischen pocht eine Ahnung, aus dieser Sphäre könne Gutes zukommen, an das skeptische Bewusstsein. Am Westportal finden sich zehn Skulpturen, die irgendwie anders sind. Lange können sie hier noch nicht stehen. Ihr Stein trägt kaum Patina. Märtyrer sind es des Zwanzigsten Jahrhunderts. Diesen Namen haben sie von dem griechischen Wort für einen Zeugen. Trauer schwingt darin mit. Sie sterben meistens nicht am Ende eines langen, erfüllten Lebens, sondern mittendrin, nahe der Lebensmitte. Keine Krankheit unterwandert sie. Kein Krieg reiht sie ein in die unabsehbare Schar der Opfer. Andere Menschen machen ihnen ein Ende: Landsleute, Bewohner derselben Stadt, frühere Nachbarn ... Grund dafür ist ihr Glaube. So nachhaltig sind ihre Erfahrungen mit dem Ewigen, dass sie auf ihnen beharren. Komme, was wolle. Ihre Begegnungen mit Gott setzen Maßstäbe. Sobald sie diese ernst nehmen, brechen Konflikte aus. Sie fallen aus dem Raster des Normalen. Man setzt sich von ihnen ab. Dann setzt man ihnen zu. Ihr Tod als Zeugen führt sie hier zusammen. Doch das „Davor" ihres mutigen, bedrohten Lebens ereignet sich in verschiedenen Regionen und in ganz unterschiedlichen Herausforderungen. In einem Konzentrationslager geht Pater Maximilian Kolbe freiwillig für einen jungen Familienvater in den Hungerbunker. Martin Luther King findet sich nicht damit ab, dass die Gleichheit weißer und schwarzer Menschen vor ihrem Schöpfer ohne Auswirkungen auf gemeinsame Busse, Schulen und Restaurants bleiben soll. Dietrich Bonhoeffer ist noch keine vierzig Jahre alt, als er auf ausdrücklichen Befehl Hitlers am 9. April 1945 im Konzentrationslager Flossenbürg hingerichtet wird. Im Stein der Skulptur von Westminster formt sich seine Kontur. Ein Umriss wird sichtbar, nicht weniger und nicht mehr. So zeigt sich in markanten Stationen seiner Biographie eine erste Linie seines Lebens. Aus großer Höhe betrachtet, verrät ein Flusslauf seine Geschichte: Den Ursprung als Übergang des Unsichtbaren ins Sichtbare, die Schubkraft erster Strecken, die Massivität von Widerständen, denen der Strom ausweichen muss, seine Hartnäckigkeit, Verzweigungen in weicherem Umfeld, dann die Mündung in ein Größeres.

II

Die Ahnen seines Vaters leben in Holland. Zu Beginn des 16. Jahrhunderts wandern sie ein. Sie lassen sich in Schwäbisch Hall nieder, der alten Stadt am Fluss mit hohen Mauern und der riesigen Kirchentreppe, auf der heute Theater gespielt wird. Bald sind sie angesehene Leute und Entscheidungsträger als Ärzte, Pfarrer und Bürgermeister. In der mütterlichen Linie spielt die Kunst eine große Rolle. Die Großmutter hat Klavierunterricht bei Clara Schumann und Franz Liszt. Wissenschaft und Kunst, Realitätssinn und Phantasie, Frömmigkeit und politisches Engagement verbinden und vermengen sich in den Vorfahren. Der Vater wählt als Arzt die Seelen-Heilkunde zu seinem Spezialgebiet. Eine Assistenten-Stelle führt ihn und seine Frau Paula nach Breslau. Dort wird Dietrich am 4. Februar 1906 geboren. Er ist ganz und gar kein Einzelkind. Mit ihm kommt seine Zwillingsschwester Sabine zur Welt. Die beiden haben noch sechs Geschwister. Den ersten Unterricht bekommen sie daheim von ihrer Mutter. Sie ist eine ausgebildete Lehrerin, in diesen Jahren ein Ausdruck eines ungewöhnlichen Selbstbewusstseins. Wie seine Geschwister ist auch Dietrich in vielen Bereichen fähig und begabt. Die Schule schafft er ohne große Mühe. Dann verwirrt er die Menschen in seiner Nähe. Man traut ihm eine glänzende Karriere zu. Er wird es als Wissenschaftler weit bringen. Muss es denn unbedingt Theologie sein? Viele seiner Zeitgenossen sehen darin eine zweite Wahl. Er bleibt dabei. Schon früh spürt er das große Geheimnis. Man kommt nicht in dessen Nähe, wenn man nichts wagt. Gott ist nach Bonhoeffers Verständnis frei, unverfügbar und souverän. Was Menschen mit ihm erfahren, ist sein Geschenk an sie. Doch das eigene Verhalten ist deshalb nicht gleichgültig. Ein gewisser Stil gehört dazu. Er setzt alles auf diese Karte. Am Ende seines Lebens beschreibt er einmal eine Station auf dem Weg zur Freiheit: *„... nicht im Möglichen schweben, das Wirkliche tapfer ergreifen ...“*. Er ergreift die Theologie.

Damals lebt die Familie schon in Berlin. Diese Stadt wird das Zentrum seines kurzen Wirkens. Oft bricht er von ihr auf und kehrt doch immer wieder in sie zurück. Er ist ein Mensch mit Welthorizont, ein Globetrotter des Glaubens. Nach zwei Semestern in Tübingen verbringt er einige Monate in Rom und in Nordafrika. Sein Vikariat absolviert er in Barcelona. In New York forscht er. Die erste Pfarrstelle nimmt er in London an. Er hat die Fähigkeit, mobil zu sein und darin konzentriert. Mit einundzwanzig Jahren ist seine Dissertation fertig. 1930 erwirbt er mit seiner Habilitation die Berechtigung, Vorlesungen zu halten. Selbst in den Jahren voller Unruhe und Umbrüche schreibt er lange Texte und veröffentlicht Bücher. Er wird dabei nicht einseitig, ist kein gebildeter Kauz. Mit seinen Konfirmanden spielt er Abende lang Schach, ist ein hervorragender Sportler und improvisiert auf dem Klavier. Aber er ist auch kein „Supermann". Er weiß, dass man leicht zum Machtmenschen wird, wenn man so viele Begabungen hat. Dagegen kämpft er an und sucht einen Stil von Bescheidenheit und ebenbürtigem Miteinander. So ist sein Leben angelegt auf Zukunft, auf intensive Beachtung und Wirkungen, die in die Tiefe gehen. Doch ab 1933 kann man es nicht mehr aus der Perspektive seiner Entwicklung allein erzählen. Die gesellschaftlichen Umbrüche haben seine Lebensbahn schon früh berührt und in sie eingeschnitten. Einer seiner älteren Brüder stirbt wie unzählige andere junge Männer als Soldat im ersten Weltkrieg an einer Verwundung. Die Weimarer Zeit mit ihren wirtschaftlichen Engpässen und gewalttätigen Auseinandersetzungen macht nicht vor dem Haus der Bonhoeffers Halt.

Dann kommt die Zeit der Schatten. Nach einigen Jahren, in denen sie sich noch an Wahlen beteiligen, schaffen die Nationalsozialisten 1933 das Parlament ab und ermächtigen sich selbst zum Alleinherrscher. Überall führen sie extreme Unterscheidungen ein. Politisch ist man ihr Anhänger oder bald ein Verfolgter. Künstlerisch schafft man Werke nach germanischen Werten, oder man ist entartet. Rassisch gehört man zu den Herrenmenschen oder ist lebensunwert. Religiös beteiligt man sich am Führerkult oder gilt als Zersetzer. Diese Unterscheidungen üben einen Sog aus. Viele wollen sich nicht zu den Benachteiligten und Verachteten rechnen lassen. Sie schließen sich an und schließen aus. Auch in der Kirche. Bald gibt es „Deutsche Christen“. Sie erliegen der Illusion, die neue Ideologie werde den Glauben achten, wenn der sich nur genug anpasse. Es ist, wie wenn man eine braune Flüssigkeit in klares Wasser leitet. Alles verfärbt sich. Ein Arierparagraph schließt Juden vom hauptamtlichen Dienst in der Kirche aus. In die Predigten mischen sich Parolen, Schlagwörter und Versatzstücke der neuen Sprachregelungen. Was macht Bonhoeffer in dieser Anfangsphase der Diktatur? Er durchschaut sie. Anders als manchen Künstler und Denker kann sie ihn zu keinem Augenblick faszinieren und lähmen. Schon Anfang 1933 spricht er im Radio so kritisch über den veränderten Begriff des „Führers“, dass viele Zuhörer verärgert sind. Er bleibt nicht neutral und wartet auch nicht erst einmal ab. In Gesprächen, Briefen, Vorträgen und Flugblättern rüttelt er die Menschen wach, die sich in der Kirche engagieren. Einige wimmeln ihn wie einen lästigen Störer ab. Andere lassen sich wecken. Bonhoeffer schließt sich mit Frauen und Männern zusammen. Sie wagen den Protest, widersprechen öffentlich, zeigen Alternativen auf. Er wird Pfarrer in London und nutzt diese Position, um dort über die Entwicklung in Deutschland zu informieren. Hitler ist in dieser Phase seiner Machtentfaltung noch auf die Duldung durch andere Länder angewiesen. 1936 treibt er deshalb einen riesigen Aufwand mit der Inszenierung einer Olympiade in Berlin. Bonhoeffer engagiert sich neben seiner Gemeindearbeit für eine Gegenbewegung zur Gewaltherrschaft. Doch London ist weit weg. Karl Barth schreibt ihm mit freundschaftlicher Deutlichkeit, wo sein Platz sei. Diese Frage lässt ihm keine Ruhe.

Mitte 1935 ist er wieder in Deutschland. Dort hat sich eine Gegengruppe zu den „Deutschen Christen" gebildet. Die „Bekennende Kirche" will sich ganz an der Bibel orientieren und keine Kompromisse mit der NS-Ideologie eingehen. Kompromisslos ist auch Bonhoeffer. Er schlägt eine Pfarrstelle in den Wind, die er gemeinsam mit einem guten Freund angetreten hätte. Als dieser wegen seiner jüdischen Vorfahren ausgeschlossen wird, gibt es nur ein solidarisches Nein. Solcher Mut bleibt nicht ohne Folgen. Die Machthaber entziehen dem jungen Gelehrten die Befugnis, an der Universität zu lehren. Da überträgt ihm die immer mehr in den Untergrund gedrängte „Bekennende Kirche" eine anspruchsvolle Aufgabe: Junge Theologen zu begleiten, die sich nicht anpassen wollen. Sie sollen den letzten Schliff bekommen, mehr noch: die innere Ausrüstung für ihre schwierige und gefährliche Aufgabe. In Zingst, Finkenwalde und an anderen Orten leben und lernen sie gemeinsam, sie beten und arbeiten, sie bekommen Unterricht und spülen miteinander das Geschirr. Eine Zeitlang lässt sich diese Enklave der Menschlichkeit erhalten. Dann wird das Seminar gewaltsam geschlossen.

Bonhoeffer wird immer stärker überwacht. In Berlin darf er sich nur noch aufhalten, wenn es dafür persönliche Gründe gibt. Sein Blick geht über das eigene Wirken weit hinaus. Er sieht und hört nicht weg. Keinesfalls ist er auf das Schwere programmiert. Im Gegenteil. Er liebt Gesichter und Gesten, Landschaften und Städte, Konzerte, Ausstellungen und Kochkünste. Gerade seine

Bejahung des Geschaffenen macht ihn sensibel gegenüber den Bedrohungen. Sein Ja zum Leben weckt erst das Nein zu dessen Verächtern. Eine unvorstellbare Woge der Vernichtung rast heran – vergleichbar mit der Todeswelle eines Tsunami und noch unheimlicher, weil sie von Menschen ausgedacht und umgesetzt wird. Verfolgte zu schützen, ihnen zur Flucht zur verhelfen, eine Kirche auf dem Weg des Bekenntnisses zu bewahren, ist wichtig und verlangt ganzen Einsatz. Aber es kann angesichts der globalen Gefahr nicht genügen, Verletzte zu bergen und ihre Wunden zu verbinden. Die Urheber der Verletzungen gilt es zu isolieren und der Möglichkeit zu berauben, ihr verhängnisvolles Tun zu verlängern. Bonhoeffer ringt darum, seine Berufung zu finden. Wie viele Christen in der Widerstandsbewegung muss er sich dabei mit den Werten auseinandersetzen, die als Tradition Gültigkeit beanspruchen. Dazu gehört die von Augustinus und Luther entwickelte Unterscheidung zweier Reiche. Sein Glaube erlaubt Bonhoeffer keinen Rückzug auf eine Insel der Seligen oder in eine Burg der letzten Aufrechten. Mitten im Chaos findet er sich wieder. Was ist seine Aufgabe im Anblick der Gewitterwolken einer nahenden Katastrophe? Die christliche Theologie ging nur selten auf Konfrontationskurs mit dem Staat. Wenn eine Gesellschaft den Gesetzen Geltung verschafft, ist sie zu achten. Doch jetzt ist alles anders. Die Rechte mutieren zu leeren Hülsen, die man wie Spielfiguren hin- und herschieben kann. Die Ordnung verkommt zur Organisation maßloser Macht. Andersdenkende werden bespitzelt, verhaftet, gefoltert und ermordet. Niemand verhindert, dass eine riesige Rüstungsmaschinerie das Volk bis an die Zähne bewaffnet. Dann fallen Grenzen. Nachbarländer werden eingekreist, überfallen und unterworfen. Eine primitive Unterscheidung von Herrenrasse und Untermenschen überschreitet bald den Binnenraum des Gedankens. Fensterscheiben bersten, Synagogen brennen, endlose Züge füllen sich mit wehrlosen Kindern, Frauen und Männern zu einer Fahrt ohne Wiederkehr. Er kann sich nicht zurückziehen und zurückhalten. Als ein Mensch der Kirche muss er das Böse in der Gesellschaft ächten und vielleicht sogar begrenzen. Darauf ist ein Professor der Theologie nicht gerade vorbereitet. Bonhoeffer legt riesige Wegstrecken innerer Klärung rasant zurück. Nichts duldet einen Aufschub. Jeder Tag für dieses Regime bedeutet Leid, Kummer und Schrecken. Jede Nacht lässt die Welt dunkler werden. Was kann er tun? Sein Glaube führt ihn in den Widerstand gegen die Gewalt. Mutig stellt er sich einer riskanten Aufgabe. Er wird Mitarbeiter im Amt für Abwehr. Dort gelingt es, eine Gruppe jüdischer Mitmenschen mit List in die Schweiz zu schleusen. Seine Auslandsreisen nutzt Bonhoeffer zu heimlichen Gesprächen mit vielen Verantwortlichen. Er informiert, zerreißt die Lügengewebe der Propaganda, wirbt für ein Zusammenspiel der freien Staaten mit dem anderen, dem unterdrückten, dem untergetauchten, dem wirklichen Deutschland.

Wie in Gemälden manchmal nur ein einziges Rot auftaucht, wie in manchen Teppich ein einziger Goldfaden eingewoben ist, ereignet sich auch im Leben dieses engagierten, gefährdeten, unsteten Menschen das Wunder einer tiefen Liebe. Maria von Wedemeyer ist eine phantasievolle und tollkühne junge Frau. Sie lebt in vollen Zügen. Bei Wind und Wetter ist sie draußen. Das elterliche Gut Pätzig nahe bei Königsberg wirkt wie eine große Insel. Die weit verzweigte Familie erlebt sie als ein Geländer. Manchen Weg engt es ein, gibt aber auch immensen Halt. Wer Menschen um sich hat, auf die Verlass ist, kann das Vertraute verlassen und Neues erkunden. Mit der einen Hand hält sie sich fest. Die andere greift aus ins Unbekannte. Dann stirbt ihr Vater – nicht hochbetagt und lebenssatt, sondern noch voller Energie. Die Geschichte der beiden Liebenden ereignet sich in den Zeiten der Gewalt. Braune Fahnen treiben den Krieg zu Land, zu Wasser und durch die Lüfte in die Welt. Irgendwann stockt der Wahnsinn, aber er endet nicht. Die Opfer sind längst nicht mehr zu zählen. Irgendwo am Bogen des Flusses Don treffen Marias Vater die Splitter einer Granate. Bald darauf erfährt die Vaterlose, dass auch ihr Bruder Max nicht zurückkehren wird. Ein Sturm kann Bäume entwurzeln. Das hat sie mehr als einmal mit eigenen Augen gesehen. So kommt sie sich jetzt vor; wurzellos, ausgerissen, allein. Dieses 1942 ist ein Jahr des Verlierens und Loslassens. Da kreuzt Dietrich Bonhoeffer ihren Weg. Seine Besuche in der Familie gelten am Anfang gar nicht ihr. Sie ist gerade einmal achtzehn, er sechsunddreißig. Sie tritt nach der Schule das Pflichtjahr an, er hat einen ausgezeichneten Ruf als junger Gelehrter. Sie sieht das Eigentliche noch vor sich, er ist ein von Verantwortung gezeichneter Mensch. Doch die Unterschiede werden zu Chancen. Die Liebe öffnet ihnen die Augen füreinander.

Trotz anhaltender Bedenken ihrer Mutter verloben sich Maria und Dietrich im Januar 1943. Viele Briefe überbrücken in den kommenden Monaten manche Distanz. Die geschriebenen Sätze ähneln Schritten aufeinander zu. Sie schwärmt für Rilke. Er hält ihn für manieriert. Beide versuchen, ihn nun mit den Augen des anderen zu lesen. Vor allem aber geht es diesen Briefen um Schritte auf eine gemeinsame Zukunft hin. Längst sind die Briefe keine Lückenbüßer mehr zwischen Zeiten des ungestörten Miteinanders. Die weiten Spaziergänge ereignen sich nur noch in der Phantasie. Seit dem 5. April 1943 ist Bonhoeffer in Haft. Er wird sie nie mehr verlassen. Seine junge Braut schreibt ihm: *„Ich möchte ja nur einmal richtig allein mit Dir sein. Und ich finde, wenn man ein Jahr verlobt ist und dies noch nie war, so ist es eigentlich ein begreiflicher Wunsch."*

In diesen verzweifelten Monaten zeigt sich immer deutlicher: Hitler wird seinen Vernichtungswahn ohne jede Zurückhaltung weiter ausleben. Die Berichte aus den Lagern sind unfassbar und doch wirklich. In endlosen Winternächten lässt ihr oberster Feldherr eine Armee in Stalingrad sinnlos verbluten. Wunden zu verbinden, Aufgeschreckte zu beruhigen, Verzweifelte zu trösten ist die eine große Aufgabe. Aber es gilt auch, den endlich zu entmachten, der diese Wunden schlägt.

Immer wieder gibt es Versuche, den Diktator durch Anschläge auszulöschen. Der wartet nicht ab. Eine riesige Maschinerie aus Geheimdienst, Polizei und Militär geht gegen seine Gegner vor. Sie werfen ein unentrinnbares Netz aus Einschüchterung, Spitzelei, Erpressung und roher Gewalt aus. Ihre Opfer verfangen sich darin und werden wie die Beute eines wahnsinnigen Jägers verschleppt. Auch Bonhoeffer kann sich von einer Stunde auf die andere nicht mehr frei bewegen. Von seiner Verhaftung im April 1943 bis zu seinem Tod ist er ein Gefangener. Er gilt als ein höflicher Häftling, aber er ist auch ein kluger. Bei den Verhören beißen sich seine Ankläger die Zähne an ihm aus. Sie können ihm einfach nicht genug nachweisen. Doch nur in einem Rechtsstaat hätte das zu seiner Freilassung geführt. Das Attentat vom 20. Juli 1944 misslingt. Die Wut des Gedemütigten steigt wie ein Hochwasser über alle Ufer. Als geheime Akten, versteckt für eine Zeit nach der Befreiung, aufgespürt werden, fallen viele Namen wie Dominosteine aus dem letzten Halt. Im Mai 1945 endet der große Krieg. Nur einen Monat vorher ordnet Hitler, eingekreist, geschlagen, der tausendfachen Lüge längst überführt, weitere Hinrichtungen an. Auch die des Häftlings Bonhoeffer. In Flossenbürg wird er gehängt. Ein Arzt erzählt später, es sei ein ungewöhnlich starker, gehaltener Mensch auf seinem letzten Weg gewesen.

III

Die Schwingen des Vogels der Biographie tragen weit. Wer ihm dankbar Abschied gibt und nicht länger aus einem hohen Blickwinkel die Linien eines Lebens betrachtet, gelangt vielleicht auf Augenhöhe mit dem Portraitierten. Vieles überrascht. Die Bewegungen Bonhoeffers durchkreuzen immer wieder Erwartungen. Entscheidendes trägt er in sich und nimmt doch viele Inspirationen auf. Er bleibt sich treu und verändert sich. Das Unkonventionelle wagt er und verwandelt darin sein Erbe zu einer Ausrüstung für einen gefährlichen Weg. Davon erzählen seine Bücher und Predigten, seine Briefe und Gedichte. Sie erschöpfen sich auch nach Jahren der Lektüre nicht. Im Gegenteil.

Eine weitere Perspektive muss sich noch tiefer verorten. Aus der Sicht des Fliegenden zeigen sich die Mäander und Stromschnellen des Flusses. An seinem Ufer wird das wunderbare Wechselspiel von Wasser und Licht sichtbar, die Farbe der Zeit. Nun bleibt nur noch, in den Fluss zu steigen und sich seinen Strömungen anzuvertrauen. Treibgut taucht darin auf, Traumbilder, vollgesogen mit Erinnerungen und Gedanken.

Sollte es möglich sein, sich vor Bonhoeffers Zellentür hinzukauern, wenn die Wachleute dösen oder einen Skat klopfen und die Nachtverhöre pausieren? Ist es vorstellbar, sich einzuhören in seinen Rhythmus von Erinnerung und Deutung – wissend, dass mehr trennt als eine Tür, ahnend, wie viel eigene Töne sich stets in solches Hören mischen? Manchmal zieht ein Traum wie ein nächtliches Boot auf dem mondhellen Meer vorüber. So nahe kommt es dem Ufer, dass Einzelheiten erkennbar werden. Ab und an gleitet ein Fallreep herunter und lässt an Bord. Der Häftling selbst hat die Träume als Boten verstanden.

Berlin, Herbst 1944

Der Traum ist eine Schutzwehr gegen die Regelmäßigkeit und Gewöhnlichkeit des Lebens, eine freie Erholung der gebundenen Phantasie, wo sie alle Bilder des Lebens durcheinander wirft und die beständige Ernsthaftigkeit der erwachsenen Menschen durch ein fröhliches Kinderspiel unterbricht; ohne die Träume würden wir gewiß früher alt, und so kann man den Traum, wenn auch nicht unmittelbar von oben gegeben, doch als eine köstliche Aufgabe, als einen fröhlichen Begleiter auf der Wallfahrt zum Grabe betrachten.

Novalis

Das Leben ist so ungeheuer plastisch geworden in diesen langen Wochen. Vieles, was früher Fläche war, erhebt sich jetzt in die dritte Dimension. Die Dinge zeigen sich einfacher und doch figürlicher, kantiger.

Alfred Delp

15.9.1907 – 2.2.1945. Priester, Mitglied des Jesuitenordens. Wegen seiner Mitarbeit am Widerstand gegen Hitler hingerichtet.

Alfred Delp · Tagebuchfragmente
Aus: Alfred Delp · Roman Bleistein (Hrsg.) · Gesammelte Schriften Bd. 4, S. 70

Acht

Es ist eine weit verbreitete falsche Annahme, daß Kinder derselben Familie auch in derselben Umwelt aufwachsen. Natürlich ist in ein und demselben Haus für alle vieles gleich, doch die psychische Situation jedes Kindes ist individuell und unterscheidet sich insbesondere aufgrund der Geburtenfolge von der der anderen Kinder.

Alfred Adler

An Vaters Stimme werde ich im Traum wach, an dieser ruhigen, beherrschten Stimme. Seine Sätze sind von großer Klarheit und Reduktion, als habe ein Bildhauer seine Arbeit vor der Enthüllung noch einmal angesehen und Überflüssiges weggeschlagen. Diese Sprache kommt aus dem Grenzland von Reden und Schweigen, von Verstehen und Deuten. Manchmal leiht er seine Stimme einem Buch. Dann ist der Sonntagabend gekommen. Er liest uns vor. Unser Wohnzimmer ist riesig, bestens geeignet zum Tanz und Theaterspiel. In diesen Stunden aber rücken wir eng zusammen. Keiner von uns will etwas versäumen. Bis auf Susanne können wir alle schon lesen. Wir tun es leidenschaftlich. Ohne Bücher kann ich mir unsere Jugend gar nicht vorstellen. Jeder von uns hat seine Lieblingsbände. Das hier ist aber etwas anderes. Der Vater liest. Gemeinsam hören wir hin, spüren unser Miteinander und den Halt, der von den Eltern ausgeht. Es ist eine Gemeinschaft in der Verschiedenartigkeit, verwurzelt in einer Liebe, die uns achtet und fordert und fördert.

Im Traum sehe ich meine sieben Geschwister, versunken in die gelesene Geschichte, ganz Ohr, bereit, bei einer Pointe zu lachen, und fähig, das Bedrohliche in der Handlung mit Spannung zu empfinden. Nun, im Dämmer des erwachenden Tages, den ich hier mehr ahne als an seinen Lichtspuren erkenne, sehe ich sie vor mir: Susanne, die im Spiel alles um sich vergisst und so liebevoll teilt. Christel, die so wunderbar singt und nirgendwo lieber ist als draußen bei den Tieren. Ursula, die sich geschickt um praktische Dinge kümmert und mich mit ahnendem Ernst ansieht. Klaus, der Witze erzählt, bis wir nach Luft ringen, und so gerne in fremde Länder aufbricht. Walter, der in Wald und Feld daheim ist und seiner Geige einen ureigenen Klang entlockt. Karl-Friedrich, der hervorragend malt und mich mit seinen abstrakten Gedanken in manchen geistigen Schwindel führt. Und dich, Sabine, eins in einem einzigen Geburtsgeschehen und mich wortlos verstehend. Wenn ich manchmal vor dem Flügel sitze und mich auf eine Improvisation einstimme, dann ist mir, als seiest du die weißen Tasten und ich die schwarzen. Gemeinsam erst entsteht ein voller Klang. Manchmal trennt uns die halbe Welt, und doch wissen wir innerlich voneinander. Unseren fünfundzwanzigsten Geburtstag feierst du daheim und ich in New York. Eure beiden Töchter sind euch schon geboren. Ich bin stolz, Mariannes Patenonkel zu sein. Hätte ich mir nur mehr Zeit genommen und richtige Geburtstagsgeschenke besorgt, solange es noch ging. Sie wird erwachsen werden ohne mich. Vielleicht findet sie einmal in meinen Texten einen Gruß an sie.

Über die Symbolik der Zahlen schmunzle ich manchmal, wenn ich auf die Acht als Zeichen der Vollendung stoße. Wir acht Geschwister sind ja alles andere als vollkommen. Die Ziffer aber ohne Anfang und Ende spiegelt doch unser Miteinander. Die großen Jungen und die kleinen Mädchen und dazwischen wir Zwillinge mischen uns immer neu, bilden Koalitionen, schließen Zweckbündnisse und Interessengemeinschaften. In manchen Zeiten formt sich ein starkes Duo, dann ein Trio, ein Quartett. Die Acht ist auch ein Karussell. Es hält uns in einer Bewegung des Zueinander und Miteinander, auch durch Krisen und Enttäuschungen hindurch. Mir macht Sport nicht nur Spaß, ich will auch gut sein. Einmal ist es soweit. Ich gewinne. Ein Lorbeerkranz belegt meinen Erfolg. Die Geschwister aber biegen sich vor Gelächter und erweisen mir ihre gespielte, geheuchelte Referenz. Der Kranz verschwindet rasch, ich will nichts anderes sein als einer von ihnen, und ich bin es auch, aber einsamer an diesem Nachmittag als zuvor.

Zum Wesen der Vollkommenheit gehört ihre Selbstverständlichkeit. Sie ist, wie und was sie ist, in einer schwebenden Ruhe. In zwei Kreisen umgeben wir den lesenden Vater. Die Linie setzt überall ein und endet nicht. Ein unsichtbares Band hält uns zusammen. Zerbricht die Acht, wird daraus nicht einfach eine niedrigere Zahl. Ein gebrochener Kreis entsteht. Dieses Fragment hat einen Anfang und ein Ende. Der Platz, an dem bisher ein weiterer Teller stand, bleibt leer. Die Noten erweckt kein anderer so zu Klängen wie der Fehlende. In den stärksten Momenten des Miteinanders wird der eingetretene Verlust am spürbarsten. Die Weihnachtstage verdichten wie eine Miniatur das Ein- und Ausatmen unserer Familie. Vorbereitungen und Heimlichkeiten gelten dem Glück der anderen. Zugleich lässt das Fest jeden ankommen bei sich selbst, vergessen im Spiel, verloren in einem Buch, versunken in das Licht der Kerzen. Auch diese Tage haben einen Morgen und einen Abend. Sie vergehen und sind doch spürbar in ihrer festlichen Gegenwart. Ein Rahmen hält uns. Wir können uns vergessen, weil unser gedacht wird. Dann schlägt ein Stein in das Stundenglas ein. Zeit rinnt aus dem Binnenraum, versickert irgendwo. Nichts ist mehr so wie früher. Einen Fußweg entfernt von unserem Haus liegt Walter in einem neuen Grab. Er ist so alt wie das Jahrhundert. Im letzten Jahr des Krieges wird er getötet. Zwölf seiner achtzehn Jahre darf ich mit ihm teilen. Einen Zweig und eine Kerze vom Weihnachtsbaum bringen wir ihm. Jahr für Jahr. Unsere Acht bricht. Kein Stein und kein Stahl können diesen Gewalten trotzen. Uns bleiben nur die Bänder der Liebe über dem klaffenden Spalt.

Feuer

Die Seinssicherheit, die ich in meinem flüchtigen Sein spüre, weist auf eine unmittelbare Verankerung in dem letzten Halt und Grund meines Seins (...) hin. Das ist freilich ein sehr dunkles Erspüren ...

EDITH STEIN
1891 in Breslau – 1942 in Auschwitz Birkenau

Der Traum mischt Vertrautes mit Fremdem. Ein Gewebe entsteht, ein Ganzes, als gehöre zusammen, was ich so nie gesehen habe. Breslau, die erste Stadt meines Lebens, Gassen, unregelmäßiges, unter der Last der Jahrhunderte sich rundendes Steinpflaster, ein Geviert von Häusern um einen Platz. Er ist nicht groß und nicht klein. Nichts für eine Parade, aber ideal für einen Markt. Hierher schleppen Frauen schon frühmorgens in weiten Henkelkörben, was gerade zu ernten ist. Gespanne ziehen beladene Marktwagen bis zu ihrem Haltepunkt. Die Tiere werden ausgespannt und angebunden. Verschläge öffnen sich, Vorhänge werden zurückgeschlagen, Türen geöffnet. Geschlachtetes baumelt an Holzstangen. In oben aufgebundenen Leinensäcken mischen sich die Gerüche von Gewürzen. Käselaibe stapeln sich wie riesige Münzen aufeinander. In einem Areal werden lauter Haushaltswaren feilgeboten: Knöpfe, die sich in Farbe, Anzahl der Löcher und Durchmesser voneinander unterscheiden, Gummis, Gürtel, Messer. Im Schlepptau unserer Mutter kommen am Samstagmorgen meistens einige von uns Geschwistern mit auf den Markt. Sie bleibt nicht nur dort stehen, wo sie etwas anschauen, prüfen, vielleicht kaufen will. Ihr Weg ist gesäumt von kleinen Gesprächen: „Guten Morgen, Frau Professor ...", wie oft hören wir diese Anrede aus dem Mund von Frauen und Männern, die wir nie zuvor gesehen haben. Trifft sie Bekannte, haben wir uns auf eine längere Rast einzustellen. Aber sie verliert sich nie. Der Zettel in ihrer Hand ist ihr Fahrplan. Ihre Taschen füllen sich, und sie schafft es immer, rechtzeitig wieder daheim zu sein.

Der Traum-Markt ist voller Menschen. Sie reden, gestikulieren, feilschen, aber sie sind nicht zu hören. Obst, Gemüse und Blumen bilden kein buntes Mosaik aus Farben und Formen. Alles ist in einem Sepia-Ton gehalten. Da taucht ein Rot auf, blitzt zwischen Ständen und Wagen hervor, verschwindet, um an einer völlig anderen Stelle wieder hervorzuleuchten. Ein Mädchen trägt den roten Rock. Sie ist deutlich älter als ich, aber immer noch ein Kind. Ich schaue ihr zu, schaue ihr nach, schaue sie an. Sie winkt. Wortlos verlassen wir den Markt, gelangen durch Gassen und über Brücken in eine Gegend mit viel Gewerbe. Als wir durch ein Tor gehen, hat sie meine Hand gefasst. Im Bogen steht nicht ohne Stolz „Holzhandlung Stein".

Der Hof weitet sich. Stapel von Holz hier und dort, fein säuberlich geschichtet. Im Hintergrund liegen Stämme aufeinander. Sie sind behauen. Äste und Zweige fehlen. Aber die Rinde bildet noch ihr rauhes Kleid. Es war immer der Höhepunkt unserer Waldspaziergänge, solche jüngst gefällten Bäume aufgestapelt zu finden. Der Vater erlaubte uns nur, auf einzelnen, für sich liegenden zu balancieren. Die Stapel mussten wir meiden. Erzählungen aus seiner Kindheit wussten von eingeklemmten Beinen, zerquetschten Armen und zerschlagenen Körpern, wenn ein solcher Stapel erst einmal ins Rutschen kam. Das Mädchen zögert keinen Augenblick. Sie erklimmt die Baumstufen mit großer Geschicklichkeit. Auf den obersten Stamm setzt sie sich. Ihre Haare sind zu zwei Zöpfen geflochten. Sie scheint zu singen, aber ich kann nichts verstehen. Dann entdecke ich das Feuer. Der unterste Stamm brennt an beiden Enden. Flammen lodern und lecken an dem riesigen Holzhaufen. Rufen will ich ihr und habe keine Stimme. Winken möchte ich ihr und kann die Arme nicht bewegen. Retten will ich sie und finde keinen Weg zu ihr. Dichter, in Schwaden aufwirbelnder, unheimlicher Rauch entsteht. Noch einmal sehe ich sie. Dann ist da nur noch das Feuer.

Abschied

Zwei schwarze Rößlein weiden
Auf der Wiese,
Sie kehren heim zur Stadt
In muntern Sprüngen.
Sie werden schrittweis gehn
Mit deiner Leiche;
Vielleicht, vielleicht noch eh
An ihren Hufen
Das Eisen los wird,
Das ich blitzen sehe.

Eduard Mörike
Aus: Denk es, o Seele!

In das Nachtdunkel fällt flaumiger Schnee. Die große Wiese verhüllt er und versteckt die Wege an ihrem Saum. Auf den Grabsteinen des nahen Friedhofes wachsen fragile, weiße Wände. Ein plötzliches Wiehern lässt mich im Traum aufmerken, wie es uns als Kinder an die Fenster unseres Hauses im Schweitniger Park lockte. Dann kehrt die Lautlosigkeit zurück. Zwei massige Körper trotten heran, schwarze Punkte auf weißem Grund. Ein leichtes Auf und Ab ihrer Köpfe lässt die Mähnen im Wind wippen. Über ihre Leiber hat man eigens dafür genähte, dunkle Tücher geworfen. Kein leichter Trab, kein weit ausholender Galopp gibt ihnen Leichtigkeit und Lebenslust. Diese Pferde ziehen die Last eines Menschen. Mehr noch als sein Körper und der hölzerne Sarg scheinen unsichtbare Gewichte ihren Gang zu beschweren.

Wenn der straff gegliederte Unterricht der Mutter uns den Freiraum lässt, beobachten wir die Beisetzungen, bis sich die Trauben der Trauernden auflösen. Manchmal durchschneidet ein Wehruf den feierlichen Ernst der Gruppe. Die Lesungen und Gebete verstehen wir nicht, aber die elegische Blaskapelle ist nicht zu überhören. Die schwarzen Pferde kehren auf demselben Weg zurück und werden zu schwarzen Balken im Wintergrau. Keiner von uns entgeht solchen Abschieden. Ab und zu bin ich dann Jahre später in meinem Talar der ratlose Anführer einer von Anfang an geschlagenen Schar. Diese Runde geht an den Tod. Wie ein großer Raubvogel trägt er seine Beute davon. Wir schauen dem Verlorenen noch eine Weile nach. Manchmal mischt sich in unsere Trauer Erleichterung darüber, dass wir noch einmal davongekommen sind.

Immer leben wir auf Abschiede zu. Vom Breslauer Haus sind es nur kurze Distanzen zu einem Seitenarm der Oder. Meistens rennen wir dorthin und kommen außer Atem und lachend dort an. Eindringlich gewarnt vor den Gefahren spielen wir mit einem unbewussten Respekt, schlüpfen in die Rollen von Schiffbrüchigen und Rittern, die einen Wegezoll einfordern. Manchmal sitze ich aber auch nur auf dem kleinen Vorsprung über der Böschung und sehe hinaus. Äste schwimmen vorbei.

Irgendwo brach sie ein Sommersturm von ihrem Stamm. Der Fluss nimmt sich ihrer an. Zurück kann er sie nicht bringen, so wiegt er sie zum Trost in sanftem Gewoge. Das gegenüberliegende Ufer schimmert nah und fern. Die Breite des Stroms erscheint gar nicht entscheidend. Er ist ein anderes Element, darauf kommt es an.

Vielen Bildern für den Tod bin ich seit diesen Kindertagen begegnet. Der Kahn des Fährmanns und die ägyptische Überfahrt bringen ans andere Ufer, ohne das Wasser am eigenen Leib zu spüren. Im Hineinfinden des Tropfens in das Meer erlischt für Buddha die Pein der Vereinzelung. Und doch: Wird von uns nicht verlangt, dass wir ganz hinuntersteigen und im Erlahmen der eigenen Kräfte spüren, wie uns die Wellen unter sich begraben? Im Augenblick des Versinkens aber erreicht uns die rettende Hand. Den Sinkenden erfasst eine Aufwärtsbewegung. Petrus wird kein Raub des Wassers. Die Ufer gehören Gott. Beide. Wir leben mit dem dunklen Strom, aber nicht für ihn. Hat Thomas Mann im „Zauberberg" nicht geschrieben: *„Der Mensch soll um der Liebe und Güte willen dem Tod keine Macht über seine Gedanken einräumen"*? Seit ich hier bin, nehme ich Abschied. Sind die kurzen Besuche nicht wie ein Winken in wachsender Entfernung? Für Marias und meine Liebe formt sich kein Goethescher Takt von *„Willkommen und Abschied"*. Die Tage und Stunden bis zu ihrer Wiederkehr schmecken nach Zukunft. Aber nicht weit von hier scharren schon die beiden schwarzen Pferde mit ihren Hufen.

Wir werden uns verlieren und wieder finden. Wir werden versinken und gehalten sein. Wir werden Abschied nehmen und am ferneren Ufer unser Willkommen feiern.

Brücke

Der unerschaffne Michael
und seiner Engel Heer
den Drachen hat besiegt.
Wir stehen sicher und gewiß,
und wenn uns gleich sein Brüllen schrecket,
so wird doch unser Leib und Seel
mit Engeln zugedecket.

Wo wir itzo stehn und gehen,
können wir in sichrer Ruh
unserem Feind entgegenstehen.
Es lagert sich so nah als fern
um uns der Engel unsres Herrn
mit Feuer, Roß und Wagen.

Bleibt, ihr Engel, bleibt bei mir!
Führet mich auf beiden Seiten,
daß mein Fuß nicht möge gleiten.
Seid uns, wenn der Herr gebeut,
dieser Welt Valet zu sagen,
zu unsrer Seligkeit
auch unser Himmelswagen.

Bach-Kantate, BWV 19

Ihre Hand könnte ich fassen, doch das getraue ich mich nicht. So gehen wir nebeneinander. Die Gurte des Ranzens drücken sich in meine Schultern, aber er ist nicht die eigentliche Last. Im Traum spüre ich die Furcht von damals, als hätte es all die Jahre seitdem nicht gegeben. Unser Umzug nach Berlin hat eigentlich nichts Bedrohliches. Für Vater ist der Berliner Lehrstuhl für Neurologie und Psychiatrie eine Chance und Ehre zugleich. Wir müssen aus Breslau nicht fliehen, sondern brechen auf in einem Hochgefühl von Aufstieg und Erfolg. Die Großen wenigstens. Ich bin sechs Jahre alt, als Vater den Ruf annimmt. Furcht muss nicht durch die Eingangstür kommen. Sie umkreist ein Lebenshaus, drückt hier gegen eine Fensterscheibe, rüttelt da an einem Rahmen. Sie findet ihren Einlass, eine schwach gesicherte Stelle, eine nicht geschlossene Fuge. In Breslau belauert sie mich. Aber der Schutz ist stark. Immer ist einer von den Schwestern oder Brüdern in der Nähe. Unser Garten bietet viele Verstecke. Zum ersten Unterricht müssen wir nicht in irgendein fremdes Gebäude aufbrechen. Unsere Mutter ist selbst Lehrerin und bringt uns alles Wichtige bei. Warum kann das nicht so bleiben?

1913 muss ich auf das Gymnasium. Jetzt traut sich die Furcht aus ihrem Versteck. Sie lauert mir auf und fällt mich an. Ist sie erst einmal im Inneren angekommen, hat sie tausend Möglichkeiten, mich das Fürchten zu lehren. Meine Beine macht sie schwer, wenn ich frühmorgens in die Finken-Werdersche Schule soll. Meine Schritte geraten aus dem Takt. Einmal renne ich ein Stück, dann setze ich mühsam Fuß vor Fuß. Am schlimmsten ist die Brücke. Auf ihr verlässt mich alle Sicherheit. Ein Schwindel erfasst mich und das würgende Gefühl, als vertrockne meine Sprache in mir. Der Vater sollte hier sein, aber er ist schon längst zur Klinik aufgebrochen. Wird es dennoch wahr werden, was Hölderlin andeutet – wieder und wieder las ich es später auf seinem Grabstein im Tübinger Stadtfriedhof: *„Wo aber Gefahr ist, wächst das Rettende auch."* Doch die Mutter spürt meine Not am Frühstückstisch und daran, wie ich nach dem Schulweg bei ihr ankomme. Die Eltern wählen eine unserer Angestellten zu meinem Beistand aus. Ich will nicht mit ihr zusammen gehen und auch nicht auf sie verzichten. Ein Siebenjähriger, der noch gebracht wird ... den Spott und die Häme male ich mir leicht aus. So geht sie auf der anderen Straßenseite, incognito und doch präsent, in idealer Entfernung und doch ganz für mich da.

Im Traum aber geht sie auf meiner Seite. Sie ist zum Greifen nahe. Die Brücke selbst macht meine Füße bleiern. Geländerlos wird sie immer schmaler. Das letzte Stück muss ich auf den Gleisen gehen. Doch ich komme nicht voran. Die Brücke verlängert sich aus sich selbst heraus. Am Ende bricht sie ab in einer der großen Wunden, die Sprengladungen in Steingewölbe reißen. Umzukehren ist unmöglich. Ankunft aber gibt es auch nicht. Wind greift nach mir. Meine Schülermütze fliegt davon. Langsam gehe ich in dieser Nacht auf der Brücke, bis ein anderer Schlaf mich befreit.

Frost

„Gefrorne Tropfen fallen
von meinen Wangen ab:
ob es mir denn entgangen,
daß ich geweinet hab?“

Wilhelm Müller / Franz Schubert
Die Winterreise

Wenn der Frost über Nacht anzieht, verwandeln sich die Fenster in Blütenfelder. Schnatternd stehe ich vor den bizarren Gebilden, beobachte ihre Verästelungen und Verzweigungen, bis ein Ruf der Mutter mich zurückholt in das Morgenritual. Auf dem Schulweg blinken und blitzen spitze Eiszapfen an den Dachvorständen. Die Gebilde der Kälte haben ihre besondere Schönheit, aber sie lassen mich auch erschauern. Begegnung endet jäh in ihnen. Sie sind Zeichen einer Erstarrung.

Der Frost meines jetzigen Lebens kam bei Tag. Seine Boten fuhren in einem unauffälligen Auto vor. Ihre Namen klangen wie andere auch. Die Ausweise waren akkurat. Nichts ließ die Kälte ahnen, die von ihren Händen auf alles überging, was sie berührten. Sie nahmen mich mit – von einer Stunde zur anderen, ohne

Vorankündigung, ohne Vorwarnung, ohne Vorwand. Sie vollzogen einen Befehl, sie vollstreckten die Macht, sie verfügten über mich.

Mit dem Schritt über die Schwelle erstarrte mein bisheriges Dasein. Es war nur der Anfang. Das Reich der Kälte vergrößert ständig seine Ausdehnung. Es ist, wie wenn ein Fluss zufriert. Eben waren da noch Strömung, Bewegung, Wellenspiel. Dann springt die Starre von einer Biegung zur nächsten. Mein Horizont vereist. Die Temperatur sinkt. Ich bewege mich, so gut es geht, der Starre entgegen. Es ist unabweisbar, wo meine Winterreise enden wird.

Immer häufiger ist die Trauer mein stiller, in ein graues Kleid gehüllter Gast.

Treppe

Der erste Anblick dieser Stadt, das Ziel unserer Wünsche, machte einen großen Eindruck auf mich. Sie glänzte gerade in der Abendsonne, als wir sie zum ersten Male sahen. Ihre Lage, Umgegend, Art des Bauens ist reizend schön. Hohe überhängende Häuser, krumme Straßen, die bergauf und bergab gehen, Treppen von Stein, alte schöne Brunnen, weite Plätze usw. Durch diese Dinge unterscheidet sich Tübingen von anderen Städten.

ANSELM FEUERBACH

In einem undurchdringlichen, ja vollkommenen Dunkel gehe ich abwärts. Der Traumweg ist umgeben von hohen Mauern, manche bewachsen, dann wieder von langen Reihen hoch aufragender Häuser, die fugenlos aneinandergesetzt werden. Kühle geht aus von den Steinen, die ich nicht sehe. Die Gasse nimmt einen Bogen und mündet in eine langgezogene Treppe. Stufe um Stufe tasten meine Füße. Bald haben sie die Abstände verstanden. Im Rhythmus der steinernen Schwellen werde ich schneller. Die Wachsamkeit aber bleibt, nicht in einen langen, unaufhaltsamen Sturz zu geraten, denn dies ist eine uralte Treppe.

Diese Nacht nimmt mich mit nach Tübingen. Hier beginnt die Reflexion in universitären Formen. Zu denken lehren mich die Gespräche daheim, nachzudenken die ruhigen Augen meines Vaters, das Überdenken aber des Übermittelten, das Hinterfragen von Antworten lerne ich als Student. Hier in Hörweite des Neckars hatte Vater sein Studium begonnen, hier plagt sich meine Schwester Christine mit Käfern und Blätterformen herum, hier fange auch ich an.

Vielleicht braucht es die Hilfe des Traums, um in dieser letzten Zeit wieder an Tübingen zu denken. Diesen Ort schultere ich nicht so leicht und nehme ihn nicht leichtfüßig überallhin mit. Ein Schatten liegt auf den beiden Semestern, kaum sichtbar. Meine Scham sagt mir, dass ich ihn selbst werfe. In jenen Monaten verbinde ich mich mit einer Verbindung. Anders war sie als andere, besser, humaner. Mein weiterer Weg aber lässt mich immer klarer spüren: Nur in der Gemeinschaft Glaubender kann ich mich einlassen auf gemeinsames Leben. Das Schale der Zweckbündnisse spüre ich seitdem. Wir werden einsamer mit dem Mann aus Nazareth. Wir finden Freunde für ein Leben bei ihm. Freunde wie Eberhard.

Der „Igel" war schon Vaters Verbindung. Es geht hier nicht um Waffenbrüderschaft und Saufkumpanei. Manche fragen mich sogar um Rat. Andere hören mir zu, wenn ich auf dem Klavier improvisiere. Ihre verschiedenen Fächer geben den besten unserer Gespräche etwas Interdisziplinäres. Aber da sind auch die fragwürdigen Rangordnungen und die unklaren politischen Perspektiven. In Ulm lassen wir uns von der Reichswehr in einem zweiwöchigen Kurs Grundkenntnisse des Militärischen vermitteln. Wir schlafen mit offenen Augen. Irgendwo bereitet sich ein Unmensch darauf vor, dieses Volk zum Übermenschen zu erklären. Ein Blender wärmt schon die Spitze seiner Lanze, um uns zu blenden. Alle, die sich irgendwie und irgendwann abkoppeln vom Gültigen, erblinden. Wir leben nach der Bergpredigt, oder wir verlieren den Kurs.

Das erstarkende Verständnis von „Ehre“ verstehe ich immer weniger. Manchmal schimmelt ein Apfel an einer Stelle, die ich übersehe. Hineingebissen aber füllt er den Mund mit einer Mischung aus Fäule und Bitternis. Soviel noch geht, spucke ich wieder aus. Als der „Igel“ 1933 nur noch arische Mitglieder billigt, bin ich einer der ersten Arier, die nicht nur auf Distanz gehen, sondern austreten.

Wie eine Schliere wische ich diese Erfahrungen vom Fenster der Erinnerung. Dahinter sehe ich wieder auf Tübingen. Auf dem Marktplatz erstehe ich zwei Äpfel. In der Stiftskirche verwirren mich steinerne Grabmäler mit ihrer Ferne, die doch nahe ist. Unter den Platanen der Neckarinsel zwinge ich mich, im Maß meiner Schritte auch die Entwicklung eines Gedankens nachzuvollziehen. Die Stunden im Philosophicum vergehen wie Blätter, die ein Herbststurm vor sich hertreibt. Das Werk liegt da in einem Kranz von Kommentaren und Blättern mit Zitaten und meinen Notizen. Wie schön ist das Profil der Studentin am Nachbartisch. Ich bin draußen und drinnen, lese und schweige, schlafe und wandere. Theologie bedeutet in diesen Monaten für mich die Herausforderung, über den Menschen hinauszudenken. Wie für die biblische Maria am Ostermorgen ist Christus für mich noch ein Verkannter. Er ist der Gärtner, dessen Wundmale ich übersehe.

Tübingen mischt sich nicht ein. Die Gedankengänge sind frei. Die alte Universität aber wacht mit herber Strenge darüber, dass es Wege des Denkens sind. Verbindungen zwischen den Fachrichtungen – in Tübingen lassen sie sich abgehen. Man betrachtet die Dogmatik anders, wenn man gerade am Anatomischen Institut vorüberging. Das Leid in den Kliniken lässt Phrasen verwelken. Diese Stadt hat Traditionen gehütet und zugleich ermöglicht, dass Menschen in neue Denkräume aufbrechen. Überall lässt sie in die Tiefe gelangen, doch viele ihrer Zöglinge weiten auch Horizonte. Generationen von Pfarrern hat sie ihr Rüstzeug gegeben, die Grenzgänger aber fanden in ihr auch Nahrung. Auf manchem nächtlichen Gang glaube ich, Hölderlins Schatten zu sehen. In Mörikes Stube brennt noch Licht.

Von Tübingen kehre ich nach Berlin zurück. Dort lerne und lehre ich. Dort werde ich aber auch ein Pfarrer. Tübingen hätte mich zum reinen Wissenschaftler geformt, ausgespannt zwischen Lehre und Forschung. Nie habe ich verachtet, einzelnen Menschen in ihrem Verstehen weiterzuhelfen und ihre Fähigkeit zu stärken, sich argumentativ zu behaupten. Wer weiß schon, wen er unter seinem Katheder hat. Ein Hörsaal kann eine Lebensweiche stellen. Tübingen ist ein möglicher Ort für mich, ein Ort voller Möglichkeiten. Andere folgen auf meinem kurzen Weg: Rom, Barcelona, New York, London, Finkenwalde ... Immer kehre ich zurück, wohin ich auch aufbreche. Die Kräfte des Pols

Berlin wirken stärker als mein Fernweh. Hier leben die Eltern. Hier wachsen aus dem Familienbaum neue Zweige. Hier ist Karls Grab. Doch Berlin ist keine reine Herzensangelegenheit. Hier hat sich die Macht vom Recht getrennt. Hier hat die Kirche ihre Identität verraten. Hier spinnt sich das unterirdische Netz der Verfolgung. Für mich besteht keine Chance einer Idylle. Die Insel familiärer Harmonie im Ozean der pulsierenden Metropole wird längst von einem Orkan bedroht. Meine Liebe siedelt irgendwo im Süden, vielleicht unter der Sonne Latiums. Aber sie darf dort kein Haus bauen. Hierher hat sie mich geschickt. Manchmal ahne ich den Sinn der dunklen Worte: *„und führen, wohin du nicht willst."* Vielleicht löst sich die Liebe nicht in nichts auf. Mehr als sie kann ich nicht geben.

Nirgendwohin werde ich mehr aufbrechen. Die Mauern um mich herum sind dick, die Stärke der Gitter ist fest, die Gewehre reagieren schnell. Und doch gilt es für mich, mit meinem Herzen nach Berlin zurückzukehren. Jeden Tag. Jede Nacht.

Die Treppe in meinem Traum endet nirgendwo. Würzige Luft steigt vom Fluss auf, aber ich sehe ihn nicht. Man kann immer noch tiefer hinabsteigen. Das hat mich Tübingen gelehrt. Die Angst vor der Tiefe weicht einem anderen Vertrauen. Gedanken kommen an kein Ende. Gebete verhallen nicht. Die Treppe stürzt in keinen Abgrund. Die Erinnerungen sind so wirklich wie die Gegenwart. Liebe ist ein Brot, das nicht ausgeht.

Glocke

Ihm gefiel diese wunderbare Verschmelzung zu einem Ganzen, dieser Charakter einer dicht bevölkerten Hauptstadt und dieser Charakter einer einsamen Wüste, die sich hier miteinander mischten, diese Paläste und Säulen, dieses Gras und das wilde Gebüsch, das sich an den Mauern dahinzog, der lärmende Markt inmitten dunkler, einsamer, unten verdeckter Massen, das helle Geschrei des Fischhändlers in der Säulenhalle, der Limonadenverkäufer vor dem Pantheon mit seiner fliegenden und mit grünem Laub geschmückten Bude; ihm gefiel selbst die Unscheinbarkeit dieser dunklen, unordentlichen Straßen, der Mangel aller hellen, gelben Farben an den Häusern, dieses Idyll inmitten der Stadt, die Ziegenherde, die auf dem Straßenpflaster ausruhte, das Schreien der Kinder und diese reine, feierliche Stille, die unsichtbar auf allen Dingen zu liegen schien, und die auch den Menschen umfing.

NIKOLAJ GOGOL (*Rom. Ein Fragment*)

Ohne Laut löst sich die Glocke aus ihrer Starre und beginnt zu schwingen. Der massige Körper vergrößert langsam die Weite seines Pendelns. In seinem Inneren rührt sich ein schattiger Stab. Dann löst sich ein erster Ton. Immer rascher folgen weitere. Ob ich sie im Traum höre oder mich des Klangs erinnere, ich weiß es nicht. Das Erwachen der Glocken ist ein Geschenk der Nacht an mich. Ein peinigendes Verhör liegt hinter mir. Wie lange werden sie meinen Verstellungen noch zuhören? Stunden äußerster Konzentration sind dies, eingehüllt in den Mantel von Harmlosigkeit und Naivität. Diese Gespräche warten auf meinen entscheidenden Fehler. Wie eine Reihe von Dominosteinen wird dann unweigerlich alles mitgerissen, was unsere Familien und Freunde bisher schützen konnte. Es kostet unsägliche Kraft, den ersten Stein aufrecht zu halten. Dann geht es zurück, nicht hinaus. Weggeschlossen werde ich. Unmöglich ist es, einige Kilometer zwischen den Ort der Demütigung und mich zu bringen, wie ich früher einfach losgelaufen bin in den dunkler werdenden Wald oder einen See auf Uferwegen umrundet habe. Kalt ist es hier und finster. Meine ausgestreckte Hand berührt schon die Wand. Ein unruhiger, erschöpfter Schlaf nimmt mich auf. Wieder und wieder ziehen die Gesichter der Verhörenden vorüber, ihre Brillen so akkurat wie ihr Schreibwerkzeug, die Hemdkragen gestärkt wie die künstliche Kraft ihrer anschwellenden, dann wieder flüsternden Stimmen. Meine Antworten sind stets nur der Auslöser neuer Fragen. Wie ein Mühlrad dreht sich das Verhör in immer denselben Windungen. Urplötzlich führt mich der Traum aus dieser Qual und bettet mich unter die große Glocke des Petersdoms. Von da an brauche ich ihn nicht mehr, denn ich finde Rom als unauslöschliche Erinnerung in mir.

Achtzehn Jahre war ich bei der ersten langen Zeit in der Stadt, mehr als diese Spanne trennt mich von ihr, und doch sehe ich die Lichtpunkte nächtlicher Laternen, lausche dem Gemurmel der Brunnen, spüre die morgendliche Kälte in den Gärten, erschrecke über die Lärmkaskaden eines Stapels von Tellern, die einem Kellner auf dem Weg von den Plätzen im Freien zurück ins Ristorante entgleiten. Meine ersten beiden Semester habe ich hinter mir. Tübingen ist ein Ort des Geistes und des Herzens. Rom aber ist eine lebendige Stadt. Das Fernweh lässt den Einwänden der Vernunft keine Chance. Und Kant kann ich auch im Schatten einer Zypresse lesen. Klaus ist mit von der Partie, mein großer, naher Bruder. Wenn die Milde Roms jetzt nur etwas von seinen Qualen mildern könnte. Mit unserer ersten Reise feiert er sein Jura-Examen, aber der äußere Anlass ist eigentlich nur eine Krücke. Die Sehnsucht nach dem Süden pocht schon lange in unserem Blut, vererbt von unserer Mutter, deren Vorfahren es immer wieder in die Metropole zog. Der April 1924 ist noch jung, als wir aufbrechen. Wir haben viel gelesen und manches geplant, aber es kommt doch wieder alles anders.

Wie oft wiederholt sich in diesen Wochen das Erlebnis, ein voraus Gekanntes zum ersten Mal in Wirklichkeit zu sehen. Die Dimension des Raumes und Spuren von Licht kommen zu der Vorstellung im Inneren hinzu. Bildung verwandelt sich in wirkliche Bilder. Alle diese Werke sind Sprache von Menschen und zu Menschen. Geschichte liegt als Staubschicht auf einem Altargemälde, als Abrieb auf den Formen einer Skulptur, als Lichtfeld auf einem monumentalen Gebäude.

Die Laokoon-Gruppe habe ich gesucht, gefunden aber hat sie mich. In all den Jahren seitdem wandelt sich mein Verständnis von Schmerz. Vielleicht habe ich ihn zunächst als notwendiges Übel auf dem Weg der Befreiung gesehen. Die Diagonale des nackten Mannes verkörpert doch einen Aufstand gegen das Leid. Seine Rechte weist nach oben, um die Würger abzuschütteln. Dann aber kommen Jahre, in denen ich die tausendfache Wiedergeburt des Bösen erlebe. Vergeblich scheinen alle Versuche, die Brut der Schlangen auszurotten. Ihre glitschige Fähigkeit zur Anpassung, ihre listige Ausnützung von Schwächen und ihre lähmende Kraft geben ihnen die Oberhand. Nicht der Erfolg, sondern die Entschlossenheit verkörpert für mich heute die Würde des Laokoon. Er kämpft, ohne zu siegen. Sein Widerstand entlarvt die Heimtücke des Ungeheuers und wird zum Zeichen für die sich Enthaltenden. Der Schmerz ist in dieser Zeit nichts Überwindbares, sondern ein Zeichen dafür, dass wir noch Menschen sind. Wer die Herrschaft der Schlangen akzeptiert, ihre Geschmeidigkeit annimmt und einwilligt, dass sie ihre täglichen Opfer erlegen, wird keinen Anhauch von Wehmut spüren. Der widersprechende, sich widersetzende Mensch aber erfährt geballte Kraft und Heimtücke der Ungeheuer. Der Marmor modelliert die zum Äußersten geforderten Muskeln des Mannes. In dieser Anstrengung werden sie zu einer Landschaft aus Hügeln und Tälern. In der Kraft der Oberschenkel verbünden sich Gewebe und Knochen, Dynamik und Statik. Die drei Bildhauer aus Rhodos konnten nicht wissen, wie ihr Werk eingehen würde in das, was Europa bedeutet. Zwei Jahrtausende ist die Gruppe alt. Mich hat sie Jahr um Jahr begleitet. Sie zeigt mir den schmerzgeborenen Kampf im Übergang zu einem handelnden Leiden. Die Aktion des Ringenden ist schon beschattet von seiner Passion. Diese aber ist mehr als eine Niederlage. Man kann es sich anders wünschen, aber es ist immer wieder so: Im Opfer bereitet sich Zukunft vor.

Ginge es nach Klaus, gehörten unsere Wochen dem antiken Rom. Er findet dort, was er seit Schülertagen in sich trägt. Ich finde etwas, dessen Wirklichkeit mir nicht bewusst ist. Die Kirchen Roms werden mir zu einem Schlüssel in das Innere von Kirche. In den alten Gebäuden scheint das Aroma vieler Gottesdienste abgelagert zu sein wie in Holzfässern der Geschmack des Weines. Sind sie auch dunkel, sperren sie das Licht doch nicht aus. Wunderbare Bahnen wirft es durch Obergadenfenster und die Öffnung in der Mitte einer Kuppel. Auf Schritt und Tritt finden sich Spuren einer Bild und Stein gewordenen Frömmigkeit. Der Glanz manches selbstverliebten Mäzenatentums hat längst die Patina anderer Werke voller Schlichtheit angenommen. Mit der Architektur beginnt, was sich im Gesang vollendet. Menschen singen gemeinsam Gottes Lob. Ihr Weg in die Kirche ist so verschieden. Einige wurden in dem Viertel geboren, dessen Mittelpunkt sie noch immer ist. Andere legten tausende von Kilometern zurück, um hier in einem Archiv zu arbeiten, in einen Orden einzutreten oder als Diplomat zu wirken. In den Hymnen finden sie zueinander. Im gemeinsamen Gesang der Psalmen wächst das Verbindende. Mehr ist das als ein Brauch und bloße Feierlichkeit. Für Menschen gestaltet sich darin ihre Beziehung zum Ewigen. Sie warten vor den Augen der anderen, betreten den Beichtstuhl und kehren unter anderen Vorzeichen daraus zurück. Am Nachmittag des Gründonnerstags sehen sie eine Kerze nach der anderen auf dem großen Leuchter verlöschen, den Sohn auf dem Schoß, die Tochter im Arm, und sie wissen, wie kostbar Leben ist. Der Osternacht gehen Stunden des Wartens und Bangens voraus, bis dann im ersten Licht die Freude aufflammt.

Einen Gefährten habe ich auf meinen Wegen durch die Kirchen Roms. In Bologna begegnen wir uns. Klaus und ich warten die Nacht hindurch auf die Weiterfahrt des Zuges. Auch er ist unterwegs nach Rom. Für ihn ist Kirche der Ort seines Wirkens. Er versteht als junger Priester die Feinheiten der Liturgie und findet in mir einen nimmersatten Zuhörer. Vielleicht hat meine Entscheidung für die Theologie mich von manchem Bekannten entfremdet und einsamer gemacht. Doch da sind auch Menschen, die ich anders wohl nie kennen gelernt hätte, nahe, gute Menschen, Freundinnen und Freunde. In der ganzen Wirrnis meiner Gedanken, versehrt noch vom Verhör und glühend in der Erinnerung an die Stadt, bete ich jetzt für dich. Möge der Faschismus und der Lockruf des Krieges dich taub finden. Verliere deine Begeisterung für die Harmonie des Sakralen nicht, und sei getröstet, wenn du den Zerbruch der Form erlebst.

San Pietro in Vaticano wird mir die liebste Kirche Roms – und mehr als das. Hier finde ich Schatten und Schutz, Symbol und Geschwisterlichkeit. Die Stunden dort vergehen anders. Es ist wie immer, wenn Liebe im Spiel ist. Heute Nacht kommst du zu mir, meine Kirche, bin ich der Stein und du die Sonne.

Strömung

Das Wesen des Dämons ist es ja, ein ziehender Strudel zu sein; er ist eine hinabreißende Leere, die sich nicht füllen läßt.

Reinhold Schneider

Ein dumpfes Empfinden von Wehrlosigkeit färbt meinen Traum. Verwunderung mischt sich mit Panik. Das Wasser sollte mich ja eigentlich nur tragen, doch es zieht und zerrt an mir. Der Ursprung des gewaltigen Sogs ist nicht zu erkennen, aber seine lauernde Gewalt überall zu spüren. Manchmal gelingen eigene Bewegungen. Ein Gefühl von Freiheit erwacht. Der Blick auf den Strand macht es zunichte. Wieder hat mich die seitliche Strömung etliche Meter von meinem Einstieg ins Wasser weggezogen.

Diese Erfahrung beschäftigt mich schon als Schwimmer. Stundenlang sitzen wir über Büchern. Die Seminaristen lassen sich herausfordern. Sie überprüfen Positionen, spüren Quellen auf, zeichnen Argumentationen nach. Manche unserer Diskussionen nimmt ihnen das Gewonnene wieder aus der Hand. „Prüfet alles und das Gute behaltet!" Dazwischen verschwinden einige in der Küche. Andere besorgen auf dem Markt des kleinen

Ostseestädtchens Kartoffeln und fangfrischen Fisch. Zwei nehmen die im Meerwind rasch getrocknete Wäsche von den Leinen, falten sie zusammen und legen sie in große Körbe. Selbst das Abspülen findet Freiwillige. Nach einer kleinen Pause gehört auch der Nachmittag der Theologie. Immer häufiger aber wandert der Blick zum Himmel. Die Sonne soll noch hoch genug stehen, wenn es ans Wasser geht. Wie herrlich ist das Gefühl einer in ihrer Wärme trocknenden Haut. Endlich gibt es kein Halten mehr. Wir stürmen los und sind in diesen Momenten große Kinder. Wie von selbst sind wir umgezogen. Bis zum Saum des Meeres gibt es einen Wettlauf. Wasser spritzt auf. Für Augenblicke gerät unsere Phalanx ins Stocken. Nie erlebe ich die Ostsee auch nur annähernd so mild und schmeichlerisch wie südliche Meere. Ihre Kälte schockt uns. Doch wer jetzt zögert, dehnt nur den Schmerz. Ein mächtiger Sprung nach vorne, unterzutauchen und den eigenen Körper ganz dem Element auszuliefern ist der jähere, aber auch bessere Weg, verglichen mit den Badenden, die knietief im Wasser von einem Fuß auf den anderen treten und hoffen, dass irgendeine Gewöhnung einsetzt. Körper und Meer arrangieren sich miteinander – für eine Zeit. Das Spiel mit den Wellen beginnt. Manchmal necken sie den Gast nur, dann drängen sie wie ein ungestümes Fohlen gegen ihn an. In bestimmten Momenten duldet die Woge keinen Widerstand. Jeden und alles wirft sie um und begräbt ihre Beute unter sich. Keinen Halt und kein Halten gibt es da mehr, nur noch Wirbel und ein prustendes Wiederauftauchen. Auch wenn wir keine Chance haben: Hier verlieren wir gerne. Die Kämpfe mit den Wellen machen unbändigen Spaß. Einige stellen sich allein der Brandung. Andere halten sich an den Händen und erfahren lachend und gestikulierend, wie die lebendige Mauer immer wieder in Stücke gerissen wird. Die Kälte meldet sich zurück und lässt sich auch nicht mehr vertreiben. Immer mehr mutige Badende verlassen das Wasser. Am Strand tollen sie wie junge Hunde herum. Meistens sondere ich mich ein wenig ab und schwimme. Das misslingt. Es gibt kein Vorankommen gegen die Strömung. Sich ihr hinzugeben, hat einen langen Fußweg am Strand zur Folge. Ich gebe nicht gerne auf.

Die Möglichkeit, seinen Kurs selbst zu wählen, ist nicht mehr real. Die eigene Stärke wird unbedeutend. In der Nähe des Ufers gelingt es für Augenblicke, einen Stand zu gewinnen. Doch das Wasser zieht und saugt an den Waden und Oberschenkeln. Der Sand gibt keinen verlässlichen Halt. Bald bleibt nur noch die Wahl, auszusteigen und den Strand als Festland zu suchen, oder sich im Wasser zu bewegen, während das Meer die eigentliche Richtung vorgibt. Eine der vielen Erfahrungen ist dies, uns als Menschen nicht zu überschätzen. Pascal weist uns ja eine Mittelstellung zwischen dem Mikrokosmos und dem Makrokosmos zu. Der nächtliche Blick zum Sternenhimmel ist nicht der einzige Lehrmeister für ein menschliches Maß. Die Berge erzählen mir in ihrer schweigenden Größe davon, aber auch das Meer mit seiner Mühelosigkeit, mich nach links oder rechts zu zwingen.

Die Botschaft des Meeres ernüchtert, aber sie erschreckt nur den Maßlosen. Eine Lehre verbirgt sich in ihr: Vertraue deiner Stärke, ohne dich zu überschätzen. Du hast die Kraft, dich für eine lange Zeit über Wasser zu halten, aber den Kurs deiner Bewegung kannst du nicht erzwingen.

Der Schrecken meines Traums trägt ein anderes Gesicht. Er verdichtet ein Gefühl, das ich seit Jahren habe. Es findet sich in unzähligen Erfahrungen und Begebenheiten. Jetzt wird es spürbar. Es ist, wie wenn ein Symphonieorchester auf einmal innehält und einer einzigen Geige die Melodie anvertraut. Eine Strömung bestimmt uns seit langem. Wir bauen Häuser und verbreitern Straßen, wir heiraten und beerdigen, handeln und kaufen, reisen und igeln uns ein. Elemente eines freien Lebens könnten das sein, aber dieser Eindruck täuscht. Die Taten sind Treibgut an der Oberfläche des Wassers. Darunter zieht ein gewaltiger Strom und zwingt allem seine Richtung auf. Wir klatschen, wenn die Wagenkolonne des Führers durch die Hauptstraße eines Ortes fährt und schauen zur Seite, wenn ganze Wohnviertel geleert werden und deren Bewohner in Pritschenwagen verschwinden. Oft versichern wir uns unserer selbst durch eine spontane Entscheidung: Wir hören eine bislang vernachlässigte Musik, versuchen eine andere Sorte Wein, wählen einen Schal in Farben, die man an uns noch nie sah. Es ist die Illusion des Schwimmers. Die Strömung lässt ihm diese Einbildung. Keinen Augenblick besteht ein ernsthafter Zweifel darüber, wer den Ton in Wirklichkeit angibt. Wir sind ein treibendes, ein getriebenes Volk. Ein Zustrom von Vitalität und Wiedergutmachung, von Aufbau und Vergeltung sollte die Schmach mühsamer Schattenjahre vergessen machen. Schnell sind ihm Tore und Gedanken, Schleusen und Gesinnungen geöffnet. Doch der Zustrom entlarvt sich als Strömung. Die nationale Stärkung wird zur moralischen Schwächung. Der Triumph des Willens entwickelt sich zu einer Katastrophe des Gewissens.

Wohl denen, die das Meer verlassen und der Strömung entrinnen können. Manchmal sehe ich eines der Gesichter derer vor mir, die wir mit einer List über die Grenze bringen konnten. Angst ist in ihren Zügen zu lesen. Zu oft sind sie fassungslose Zeugen der Beraubung und Bedrohung ihrer jüdischen Schwestern und Brüder. Furcht vor dem Kommenden gibt ihnen eine besondere Scheu. Sie sind ja alle Bürger eines Landes, vertraut mit den sozialen und politischen Anforderungen, längst nicht mehr Gäste und Fremdlinge, sondern Mitbewohner. Nun muss alles noch einmal beginnen. Doch da findet sich auch der Widerschein eines verhaltenen Glücks. Wenn die gefälschten Dokumente ihre Wirkung getan haben, beginnt ein neues, ein zweites Leben. Vielleicht spüren sie in diesen Momenten den Mut Saras und Abrahams in sich, alles zu verlassen auf eine Verheißung hin. Viel zu wenige schaffen den Übertritt ans rettende Ufer. Die meisten Mitmenschen schwimmen mit, lassen sich treiben oder werden in die Tiefe gezogen, wo sie jämmerlich ersticken. Einige der Ertrinkenden bekommen wir noch zu fassen, sprechen ihnen Trost zu und schleppen sie in niedriges Wasser. Wichtig ist dies und zu wenig. Unaufhörlich erneuert sich die Strömung ...

Was können wir tun? Zuerst entdecken wir einander. Blicke und Gesten verraten den geübten Augen das Maß an Verachtung der herrschenden Macht. Vertrauen entsteht, ohne dass die Vorsicht verloren geht. Verschieden sind wir in Alter und Herkunft, Bildung und Erfahrung, Konfession und politischer Ausrichtung, Beruf und Privatem. Uns einen Schrecken und Sehnsucht. Das Verschiedenartige zeigt sich als Chance, denn wir brauchen Präsenz in allen Bereichen des Lebens. Verbindungen entstehen. Nachrichten verzweigen sich. Ein Netz wird gewoben, feinmaschig, verletzlich und doch fähig, das Adernetz einer neuen Gesellschaft zu bilden. Zu den äußeren Schrecken tritt bald ein inneres Erschrecken. Wir dürfen nicht nur lindern, verbergen und ermutigen. Die verheerende Strömung vergrößert ständig ihren Wirkungsgrad. Stündlich wächst die Zahl ihrer Opfer. Wir müssen bis zum Ausgangspunkt der Gefahr gelangen. Einige Wenige haben Zutritt zu den hermetisch geschützten Zonen der Macht. Hier müssen wir den Verführer und das Volk voneinander trennen, die Geschwulst entfernen und darauf hoffen, dass genügend gesundes Gewebe erhalten bleibt, um den Organismus aus seiner Agonie zu retten. Die Bombe soll uns befreien, soll die Blutung stillen und die Strömung außer Kraft setzen. Doch sie verfehlt ihr Ziel. Eine ungeheure Wut antwortet uns. Der Drache ist verwundet und schlägt in panischer Empörung um sich. Über die Jahre hinweg parieren wir viele Schläge. Wir verwirren die uns Verhörenden, bis sie ratlos werden. Spuren verwischen wir und legen Irrgärten an. Man lässt uns nur eine Handvoll Figuren, aber wir beherrschen das Schachspiel. Das alles ist nun Vergangenheit. Gewalt führt das erste und letzte, das einzige Wort. Im Augenblick der Explosion stockt die Strömung. Mit der Wucht einer Sturmflut kehrt sie zurück. Im Traum verliere ich den Halt und treibe davon.

Stier

Der Gefangene

Meine Hand hat nur noch eine
Gebärde, mit der sie verscheucht;
auf die alten Steine
fällt es aus Felsen feucht.

Ich höre nur dieses Klopfen
und mein Herz hält Schritt
mit dem Gehen der Tropfen
und vergeht damit.

Tropften sie doch schneller,
käme doch wieder ein Tier.
Irgendwo war es heller – .
Aber was wissen wir.

Rainer Maria Rilke

Eine dunkle Masse. Schnaubend. Die gespannte Haut glänzt wie eine nass gewordene Trommel. Schweißtropfen funkeln in der Sonne. Der Versuch, sich in dieser Überfülle von Reizen zurechtzufinden, macht überwach und stumpf. In solchen Augenblicken kreuzt sich eine selbst auferlegte Verlangsamung bis zum Stillstand mit der äußersten Ballung von Energie. Dann explodiert das Verschnürte. Der Koloss bricht sich Bahn. Immer rascher setzen seine Hufe auf dem staubigen Boden auf. Das rote Tuch narrt ihn. Doch er folgt plötzlichen Reizen, wendet das gehörnte Haupt nach rechts und schlitzt ein Pferd vom Bauch her auf, bis es in einem Schwall von Blut einknickt. Unbändiger Lärm begleitet diesen Ausbruch. Aufgesprungen sind die Zuschauer, klatschen, johlen, trampeln und schreien. Dann wieder verstummen sie im Moment der Gefahr. Das Tier trägt ihre Leidenschaft in sich, ihre Lust an einem fremden Körper, ihre Erregung durch abgrundtiefe Musik, ihren Zorn, bereit zu gewaltsamer Rache. Doch es sind zwei Gesichter und zwei Wesen, die hier aufscheinen. Der riesige Körper ist auch ein schwer zu verfehlendes Ziel. Seine Wut macht ihn zur Beute eines Listigen. Die Wucht seines Ansturms lässt ihn jede Deckung preisgeben. Als Angreifender verliert er seinen Schutz. Die Menschen spüren seine wehrhafte Wehrlosigkeit, seine mächtige Ohnmacht. Er ist Aggression und Passion in einem. Aus dem Bedrohenden wird ein Opfer. Seine Verletzungen rauben dem Tier die letzte Hemmung. Maßlos wie sein Leiden ist auch das von ihm zugefügte Leid.

Die Faszination des Stierkampfs trifft mich unvorbereitet. Die Begeisterung mancher deutscher Bekannten für das Jagen kann ich nicht nachvollziehen. Diese Kämpfe zweier ungleicher Kontrahenten hier sind etwas unvergleichbar anderes. Die Gelegenheit, sie immer wieder zu sehen und besser zu verstehen, empfinde ich als ein Privileg. Meine Vikariatszeit wird zur Chance einer europäischen Erfahrung. Das deutsche Pfarramt in Barcelona benötigt Unterstützung. Wie so oft empfinde ich eine innere Stimmigkeit zwischen einer Möglichkeit und einer Notwendigkeit. Faul bin ich nicht in diesen Monaten. Vor vielen Türen stehe ich im Namen der Kirche und weiß nicht, was das für den Menschen jenseits der Schwelle bedeutet. Die Kontraste in der Gemeindearbeit passen zu den Hell-Dunkel-Spannungen spanischer Malerei, zu Schatten und Sonne in diesem malerischen Land. Einen Kaufmann gilt es auf seinem letzten Weg zu begleiten. Er ist angesehen, gesellschaftlich etabliert und in vielen Grüppchen zu Hause. Nichts davon trägt genug, als die Armut unüberhörbar an seine Türe pocht. Zum erstenmal begegne ich dem selbstgewählten Sterben aus Verzweiflung und Bedrohung, wie ich es in den letzten Jahren von so vielen jüdischen Mitbürgern höre. Da ist das Grab und hier die Schar herumtollender, dann wieder andächtig lauschender Mädchen und Jungen in unserer Kinderstunde. Wie junge Bäume gewinnen sie Größe und Halt.

Dass diese Zeit mehr wird als ein Vikariat, dafür sorgt schon Klaus. Wie damals in Rom ist er zur Stelle, reiselustig und hungrig nach Neuem. Unsere Fahrten führen uns bis Granada, ja Marokko. Wir verlaufen und verlieren uns in den Basaren, stöbern hier und da herum. Zwei meiner Funde – das gewobene Antlitz des Erlösers und das Kupferbecken – habe ich bis zur Verhaftung um mich. Den Kampf mit den Stieren entdecke ich noch bevor der Bruder kommt. Etwas davon lebt auch in mir: Das Jähe, Ungestüme, einen Ausweg Suchende, ja Erzwingende, und das Verwundbare, Preisgegebene.

Der Stier in meinem Traum ist müde geworden. Virtuos haben sie ihn gehetzt und getäuscht. Er kann nicht mehr. Seine Zeit ist gekommen. Ich kann das Begeisternde dieser Kämpfe noch nachempfinden, doch teilen will ich es nicht mehr. Die Gewalt der Matadore begrenzt seine Gewalttätigkeit ja nicht, sondern stachelt sie auf. Ich habe mich der Bergpredigt ausgeliefert mit allem, was ich habe, denke und bin. Meinem Stier wünsche ich Frieden, auch wenn es keinen für ihn gibt.

Nackt

Bei Stifter heißt es einmal sehr schön: „der Schmerz ist der heiligste Engel, der den Menschen Schätze zeigt, die sonst ewig in der Tiefe verborgen gewesen wären, durch ihn sind Menschen größer geworden als durch alle Freuden der Welt". Es ist wohl so – und ich sage es mir hier in meiner Lage auch immer wieder – der Schmerz des Entbehrens; der oft bis ins Physische hinein spürbar ist, soll da sein und wir sollen und brauchen ihn uns nicht wegzudisputieren, aber er will doch auch jedesmal wieder überwunden sein, und so gibt es doch noch einen heiligeren Engel als den Schmerz, das ist die Freude an Gott.

Dietrich Bonhoeffer
an Maria von Wedemeyer, 21.11.1943

Ob die Träume Türen haben, die sich öffnen können für andere Menschen, als träumte einer mit an des anderen nächtlichen Bildern? Manchmal ist mir, als seien wir Häftlinge untereinander eng verbunden, obwohl wir uns ja nur ganz selten sehen und kaum die Namen voneinander wissen. Ein kurzer gemeinsamer Gang in den Hof ermöglicht Miniaturen der Biographie eines Mitgefangenen, seiner Herkunft und seines Werdegangs, seiner Arbeit und der Menschen, die er liebt. Seine Andeutun-

gen über den Haftgrund spiegeln etwas von ihm selbst. Manche Zellentür aber bleibt immer verschlossen, und doch atmet hinter ihr ein Mensch. Angst liegt wie ein dunkler Nebel über den Gängen und wölkt unsere Pritschen ein. Wollust wandert durch die Träume. Manche hüllen sich in sie wie in eine Decke und vergraben den Kopf in ihr – letzter und einziger Schatz in wehrloser Nacht.

In meinem Traum gehe ich auf einer feinen breiten Straße in Berlins Mitte. Der frühe Abend tritt im Dunkelblau zwischen den Häusern hervor. Viele Menschen sind nicht mehr unterwegs. Plötzlich steht da eine junge Frau, gleich neben ihr noch eine. Es werden immer mehr. Sie tragen Mäntel und Jacken, manche mit Pelzbesatz oder wallenden Federn. Diesen Schutz vor der Kälte falten sie immer wieder auf wie die Flügel eines verwundeten Schmetterlings. Darunter sind Tupfer von Textilien auf nackter Haut: perlmuttbesetzte trägerlose Streifen über birnenförmigen Brüsten, grobmaschig Gehäkeltes auf den schmalen Rundungen einer Afrikanerin, drei grelle Stoffkreise als Tupfer auf einer barocken Körperlandschaft aus Berg und Schlucht. In diesem Traummoment wirken die Frauen wie glutige Stelen, die mich Fröstelnden wärmen könnten. Die Gleichzeitigkeit durchzuckt mich: Schreck und Sehnsucht, Ekel und Erregung, der Wunsch zu fliehen und in das Weiche zu fallen, Gefahr und Genuss. Statt davonzurennen, verlangsame ich meine Schritte. Zu den Augen tritt das Gehör. Ich werde ansprechbar, und sie zögern nicht. Noch gehe ich durch ihre Sätze hindurch, aber ich werde immer langsamer. Es ist, als wandere ein

Narkotikum durch einen Körper und steige von den Füßen an immer höher. Dann stehe ich. „Komm doch mit, Süßer. Du siehst aus, als könntest du etwas Kuscheliges vertragen." An mir selbst sehe ich hinunter. Einen nackten Menschen erkenne ich. Muskeln beginnen zu erschlaffen. Gerötete Striche verraten die entzündeten Spuren von Schlägen. Die Haut ist trocken und spröde. Ein welkender Baum bin ich, der sich nach allem sehnt, was ihm seine Kraft zurückgibt.

Das Traum-Ich antwortet nicht. Schweigend verharrt es, bis die Mädchen jedes Interesse an ihm verlieren. Irgendwann stiehlt es sich davon. Wer hat es so gefügt? Eine beseelte Leere empfinde ich, wie manchmal im wachen Leben auch. Irgendeine Hand trennt mich von einer Möglichkeit. Irgendein Hauch nimmt mir die Sicht auf ein sinnloses Ziel. Irgendeine Macht schützt meine Erinnerungen wie einen Brunnen.

Armut

Denn Ehr und Reichtum treibt und bläht,
hat mancherlei Gefahren,
und vielen hat's das Herz verdreht,
die weiland wacker waren.

Und all das Geld und all das Gut
gewährt zwar viele Sachen;
Gesundheit, Schlaf und guten Mut
kann's aber doch nicht machen.

MATTHIAS CLAUDIUS
Aus: Täglich zu singen.

Der Übergang von Gedanken an einen Menschen zum Gebet für ihn ist ein Geheimnis. Oft stehe ich neben der Zellentür oder kauere in einer Ecke des dunklen Raums. Dann öffnet sich eine Wand wie eine Zugbrücke. Einzelne Gestalten finden sich auf ihr ein. Gesten charakterisieren sie. Gesichter werden erkennbar. Wir können nicht miteinander sprechen, wie wir es doch so oft getan haben. Unsere Nähe zueinander ist eine traumgeborene, schemenhafte und sprachlose. Die nächtlichen Gäste stoßen Geschichten wie Züge an, ich steige ein und fahre mein Leben rückwärts.

Wie oft bin ich in Friedrichsbrunn angekommen! Das Landhaus der Eltern ist ein wunderbarer Ort, um etwas konzentriert voranzubringen oder einfach nur abzuschalten. Die würzige Luft im Harz atmet sich so unvergleichlich anders als in Berlin. In den Osterferien 1932 komme ich nicht allein. Bald ein Dutzend Jungen begleiten mich. Manche von ihnen waren noch nie auf dem Land. Sie wachsen auf zwischen den hohen Fassaden und den verschachtelten Höfen von Wedding. Nie liegen sie am Ufer eines Bachs. Ihre Fußsohlen wissen nicht, wie sich taunasses Gras anfühlt. An der Rinde eines Baums Halt zu finden, haben ihre Hände nicht gelernt. Viele von ihnen haben nie erlebt, dass man im Frieden miteinander essen kann, dass Siege und Niederlagen auf das Spiel begrenzt bleiben, dass nicht jedes Fest mit Betrunkenheit endet.

Diese große Konfirmandengruppe der Zionsgemeinde hat meinen Vorgänger in die Mangel genommen. Halte ich Distanz und grenze mich von ihrem katastrophalen Betragen ab, oder verstehe ich ihre Grenzüberschreitungen als unbeholfene, ungehaltene Signale, dass doch endlich einer ganz für sie da sei? Das Evangelium weist mich zu denen, die ihre Schwäche nicht kaschieren und verpacken können. Mit Geschichten aus der Neuen Welt gewinne ich das Ohr der Jungen. Sie scheinen zu spüren, wie nahe ihnen die Ausgesonderten und Ausgemusterten kommen, auch wenn deren Hautfarbe viel dunkler als ihre ist. Ihr Herz aber ist offener für die Bibel als das mancher Reicher. Ich will mit ihnen leben und lernen, leiden und feiern. So zieht es mich in ihre Nähe, ich ziehe um. Das gemietete Zimmer in ihrem Viertel ist schon eine Umstellung für mich. Es lässt mich wenigstens ahnen, wie das proletarische Milieu auf ihre Entwicklung einwirkt. Manchmal sprechen sie mit Worten, manchmal reden ihre übermüdeten Augen, manchmal sagt eine frische, kaum versorgte Wunde alles. Bald kenne ich die fünfzig Jungen beim Namen. Wer abends an die Zimmertür klopft, ist willkommen. Manche wollen Schach lernen, andere interessieren sich für Englisch. Die Konkretion der Liebe haben uns Geschwistern die Eltern vorgelebt. Im Advent bereite ich für jeden ein Päckchen vor. Als Zeichen im Zeichen soll es doch ein festlicher Konfirmationstag werden. Kaum einer kann sich anderes als Alltagskleidung leisten. Aus dem Stoff, den ich ihnen schenke, entstehen ganz ansehnliche Anzüge. Wir helfen ihnen zu einer Form und sind doch so weit entfernt von dem Hass und der Hässlichkeit, die sie von Kindesbeinen an erleben. Christus aber ist ihnen nahe.

Gesichter kommen mir, Namen. Was ist aus euch geworden? Einige von euch konnte ich noch in verschiedenen Familien unterbringen. Gesuchte ward ihr als junge Kommunisten, Verfolgte, Gejagte. Manche werden den Versprechungen geglaubt und eine einmalige Chance gespürt haben: Raus aus dem Proletariat, hinein in die Binnenwelt der Partei. Bildung, Ausdauer, Verzicht, alle diese mühsamen Tugenden eines Aufstiegs in die bürgerliche Sphäre kann man auslassen. Anpassungsfähigkeit zählt, die Aneignung eines überschaubaren Wortschatzes und die Bereitschaft, das eigene Gewissen zu narkotisieren. Wer von euch hat der NSDAP geholfen, dieses Land unter einer Kruste der Phrase zu ersticken?

Vielen fiel es schwer, die Sätze abzuschreiben, die ich im Konfirmanden-Unterricht an die Tafel schrieb. Wessen Hand tauchte den Pinsel in einen Eimer weißer Farbe und setzte dann quer über eine schön dekorierte Schaufensterscheibe „Deutsche! Wehrt euch! Kauft nicht bei Juden!"? In der Nacht des Feuers – habt ihr auch Brände gelegt? Trat einer von euch den Feuerwehrleuten entgegen, als sie den Schlauch mit einem Hydranten verbinden wollten, um eine in weißen Rauch gehüllte Synagoge zu löschen? Oder habt ihr euch herausgehalten, entzogen, verweigert? Dachte noch einer daran, dass ich an eurem großen Fest über Jakob gepredigt habe? Jakob, der Ruhelose, der Suchende, der Benachteiligte. Jakob, der Erfinderische, der Überwinder, der Gesegnete. Jakob, der Jude. Haben euch die biblischen Geschichten widerstandsfähig gemacht?

Dem Krieg ist wohl keiner entgangen. Ich sehe eure gebrochenen Augen. Beine, mit denen ihr in Friedrichsbrunn Fußball gespielt habt, liegen zerfetzt neben euch. Augenblicke der Entscheidung: Eine Gruppe von Partisanen ist umzingelt, entwaffnet, auf dem Marktplatz zusammengetrieben. Schnell wird der Vorschlag laut, sie gleich hier an den Laternenpfählen des kleinen polnischen Städtchens aufzuknüpfen, als Vergeltung und Rache zugleich. Widerspricht einer von euch, erinnert an das Recht auch in Zeiten des Krieges, geleitet von dem, was wir miteinander in der Heiligen Schrift entdeckt haben? Was ist euch davon geblieben – auch in der Stunde eures viel zu frühen, unsinnigen Todes als Vollstrecker verblendeter Befehle? Das Vaterunser? Psalm 23? Eine Strophe von Paul Gerhardt? Könnt ihr auf irgendetwas herumkauen wie auf einer letzten Scheibe Brot, bis sich die Süße in eurem Mund löst?

Mit einem Knall zerspringt im Landhaus von Friedrichsbrunn eine Fensterscheibe – ein völlig missglückter Freistoß. Meine Eltern tolerieren das, wie sie die ganze Unternehmung gefördert haben. In euch ist so vieles zersprungen seitdem. Männer seid ihr geworden, Väter vielleicht. Es ist eure beste Zeit. Doch ihr habt sie nicht, die Stunden und Tage, in denen man liebt und geliebt wird, stark ist und etwas aufbaut. Hassen sollt ihr und einreißen, was sich andere Völker errichtet haben, um darin zu lieben und geliebt zu werden. In einer benachbarten Zelle wimmert ein Mann. So sehr wünsche ich, dies möge euch erspart bleiben. Arbeiterkinder wie ihr und Professorenkinder, Gesunde und Angeschlagene, Erfolgreiche und Ausgemusterte, keinen lässt dieses System aus seinen Klauen, der ihm die Stirn zeigt. Vielleicht aber wünsche ich euch noch mehr, keine Vollstrecker zu werden, keine Folterer, keine Vergewaltiger und keine Henker.

In der Dunkelheit dieser Nacht lösen sich die Gesichter auf. Namen verwehen. Seid gesegnet, ihr Berliner Konfirmanden!

Pinsel

Wo ich bisher gesessen,
ist nicht mein rechtes Haus;
wann mein Ziel ausgemessen,
so tret ich dann hinaus,
und was ich hier gebrauchet,
das leg ich alles ab;
und wann ich ausgehauchet,
so scharrt man mich ins Grab.

Du aber, meine Freude,
Du meines Lebens Licht,
Du zeuchst mich, wenn ich scheide,
hin vor Dein Angesicht,
ins Haus der ewgen Wonne,
da ich stets freudenvoll
gleich als die helle Sonne
nebst andern leuchten soll.

PAUL GERHARDT

Weißer Schaum. Die kleine Schüssel, anfangs leer, quillt jetzt über. Die feinen Haare des Pinsels saugen die weiße Masse auf und streichen sie kühl und weich auf der nassen Haut ab. Das Rasiermesser gleitet darauf und verschwindet in diesem Neuschnee. Augenblicke voller Genuss sind dies, Momente, in denen die Gegenwart überläuft wie ein Eimer frisch gemolkener Milch, ein wenig zu schwungvoll getragen. Kein gewöhnlicher Rasierpinsel fühlt sich so an, dazu braucht es die feinen, straffen Haare eines seltenen Fells. Luxus in meiner Hand, auf meiner Haut ...

Hemden gibt es, die hüllen dich ein und geben zugleich Form. Ihr Pendant in einer Seidenkrawatte zu finden, vollendet das Glück der Schönheit. An die Spannung erinnere ich mich, eine Speisekarte aufzuschlagen und in den Sparten zu lesen. Worte werden zu Platzhaltern für Köstlichkeiten, angerichtet auf erwärmten Tellern, geschmückt mit einigen herrlich verzierten Beigaben. Meistens weiß ich schon nach der ersten Durchsicht, was an diesem Tag „mein Gericht" ist. Wenn ich doch etwas anderes bestelle, dann als Zugeständnis an den Blick in den Garderobenspiegel vorhin beim Hereinkommen. Wer wie ich oft weit in die Nacht hinein aufbleibt, weil die Sätze noch nicht stimmen und sich die Gedanken verheddert haben, muss seiner Vernunft die Regie über den Leibesumfang übertragen. Zum Glück schlagen andere Genüsse nicht an. Sich treiben zu lassen in einer Buchhandlung, sei sie so riesig wie in Königsberg oder so souverän begrenzt wie in Tübingen, ähnelt einer Bootspartie auf einem sommerlichen See, wenn der Wind keine Richtung angibt. Hierhin und dorthin treibt es den Kahn. Jeder neue Platz hat seinen Reiz.

An den Duft des Flieders erinnere ich mich und an das schwere, dunkle Aroma von Rosen aus dem elterlichen

Garten. Manche Seife riecht ähnlich betörend, ich gönne sie mir mehr als ein Mal. Oft, wenn wir Geschwister durch den Wald streifen, weckt uns ein Geruch von Beeren. Wir folgen dieser Spur und stehen vor einer riesigen Brombeerhecke. Jeder von uns fängt irgendwo an, bald läuft uns der Beerensaft aus den Mundwinkeln. Wir ernten nur die dunkelroten und essen kleine Lichtungen in das große rote Tuch. Gibt es ein anderes Wort für solche Stunden als: Glück?

In den Duft Marias verliere ich mich noch in dieser Nachtstunde. Sie kommt aus dem Garten. Frühlingswind hat in ihrem Haar gespielt. Eine Tasse steht schon bereit für sie. Ihre Großmutter schenkt goldfarbenen Tee ein. Maria ist außer Atem und will doch unser Gespräch nicht stören. Ihre Augen bleiben auf den hellen Dampf aus ihrer Tasse gerichtet. Manchmal sieht sie zu mir auf.

Tee-Zeiten, Dämmerschoppen, lange Frühstücke wie in unserem Londoner Pfarrhaus, die für den halben Tag vorhalten, abendliche Gesellschaften in einem freien Rhythmus von Gespräch, Mahlzeit und Tanz, Vaters fünfundsiebzigster Geburtstag, bei dem noch einmal eine Gruppenaufnahme entsteht, die kaum zwischen zwei Bildränder passt, die Hochzeiten meiner Geschwister in ihrer Mischung aus Traditionen und Urpersönlichem, Feierlichkeiten und leichtfüßiger Freude ... das festliche Miteinander lieber Menschen ist ein Geschenk – nicht nur, weil es für Stunden die Fesseln der Arbeit löst.

Gottesdienste erlebe ich, die Feste sind. Seit ich Theologe bin, mehr noch, seit ich in der Nachfolge lebe, führt mich meine Wanderschaft an viele Stationen. Sie werden auch zu Orten gottesdienstlicher Feiern: die bei aller Würde doch innigen Gesänge eines Hochamts in Rom, der Jubel und die Klage in Harlem, Abendmahl-Feiern mit den Seminaristen in Finkenwalde und anderswo, die stille Intensität der Komplet im Kloster Ettal ...

Die Stunde der Verhaftung reißt mich aus der wirklichen Gemeinschaft. Fortan bin ich in Gesellschaft von Menschen, deren Waffen mich ohne Zögern niederstrecken, gebe ich ihnen nur den leisesten Grund dafür: die automatischen Gewehre der Wachsoldaten, die schwarzen Pistolen der Gestapo und die Füller der Verhandlungsführer. Es braucht ein wenig Zeit, bis ich begreife, dass hier auch wirkliche Menschen leben. An Armen und Beinen gefesselt, können sie keine Forelle zerlegen und kein Cello halten. Die um den Schlaf Gebrachten bringen manchmal keinen klaren Satz heraus. Aber wir sind eine Gemeinschaft. Die Gesten der Linderung und des Verstehens werden zu unserem Fest.

Mein alter Rasierpinsel glänzt im Traum. Eingeschäumt kommt er näher. Aber er berührt mich nicht mehr.

Portal

„Sie verbrennen alle Häuser Gottes im Lande."

Psalm 74
Dietrich Bonhoeffer notiert in seiner Bibel:
9.11.1938.

Die eingefrorene Bewegung eines Daseins in einer Zelle schreit nach Wegen. Einen Ort zu verlassen, um einen anderen zu erreichen, Landschaften zu erleben als einen Fries von markanten Zeichen: Himmel, Baum, Wiese, Hügel ... wird zu einem ersehnten, unerreichbaren Glück. Wer von uns Häftlingen sich hier aus dem Gewohnten heraus bewegen muss, der gerät meistens in ein noch größeres Verhängnis.

Traumwärts fahren wir in einem großen Lastwagen, auf dessen offener Ladefläche lange Pritschen befestigt sind. Die Mitfahrenden erkenne ich nicht. Sie tragen keine Uniformen. Mir ist, als seien wir als Seminaristen gemeinsam unterwegs, junge Theologen vor ihrem Gemeindedienst, nicht angepasst an die talgige Christlichkeit, die sich freiwillig um die nationalsozialistische Lehre legt und ihr eine förderliche Hülle bietet. Durch eine östliche Landschaft führt unsere Fahrt. Die niedri-

gen Häuser der Dörfer und die riesigen Getreidefelder erinnern mich an das Memelland. Störche nisten auf Schornsteinen. Dann taucht eine große Kirche auf. Im Traum beginne ich mich zu freuen. So geht es mir oft bei meinen Reisen. In den Sakralbauten ahne ich die Gemeinschaft der Christinnen und Christen, die hier feiern und trauern, ihre Kinder zur Taufe bringen und Abschied nehmen von den Vorausgegangenen. Die Straße führt immer näher an das hohe, aus roten Backsteinen errichtete Gebäude. Wie bei gotischen Kathedralen beschirmen zwei große Holztüren den Haupteingang. Das Portal steht offen, aber nicht, um eine gottesdienstliche Gemeinde zu erwarten, sondern irgendwie teilnahmslos, gleichgültig und beliebig wie die Gatter verlassener Weiden, vom Wind in den Angeln bewegt. Dann sind wir auf Augenhöhe. Kein Zweifel. Im Portal der Kirche steht eine Kuh. Ihre schwarz-weiße Färbung ist typisch für diese Gegend. Der Rücken eines zweiten Tiers wird sichtbar. Sie scheinen zurückzukehren in den Schutzraum ihres monströsen Stalls. Unser Fahrzeug bleibt nicht stehen. Ratternd fahren wir die Dorfstraße entlang. Der Traum verliert sich, das Bild bleibt. Gelesen habe ich von Kirchen und Klöstern, die zu Ställen und Depots wurden. Die Revolution Frankreichs und die Napoleonische Zeit kennen das Phänomen. Man bedient sich an den Steinen, wenn der Sinn des Gebäudes verloren ist. Wird es nicht zum Steinbruch, dann widmet man es um. Solide gebaut, hält es den Anforderungen eines Viehgeheges in jedem Fall stand. Der Traum hat nicht den Braunton vergilbter Fotografien oder die gewellte Bildlichkeit alter Stiche. In die Zukunft weist er. Mir ist kalt.

Die Tiere im Raum des ewigen Wortes könnten ein Sinnbild der Befriedung sein. In den Beschreibungen kosmischen Heils durch jüdische Propheten haben auch die Tiere ihren Platz. Mein Traum atmet nicht diese Morgenluft des achten Schöpfungstages. Er greift einem Auszug der Menschen aus dem kirchlichen Raum vor, einer Entleerung geweihter Orte, einer Zeit der Bedeutungslosigkeit von Texten und Zeichen unseres Glaubens für das Miteinander der Menschen. Die geträumte Kirche ist nicht zerstört. Der Bau trägt keine Wunden an sich, wie sie nun bestimmt viele Kirchen in Berlin und anderswo aufweisen. Nur ist außen wie innen – es gibt keinen Wandel in die Feier der Gegenwart eines Unsichtbaren. Das Geheimnis wohnt nicht mehr an den Lagerplätzen der Kühe. Wie oft erleben wir die Gemeinschaft des Glaubens auch ohne einen Sakralraum. In Zingst wird ein Fachwerkhaus hinter den Dünen unsere Zuflucht. Ob wir dort das Abendmahl feiern oder in Rom eine festliche Pontifikalmesse zelebriert wird, ob in diesem Gefängnis zwei zur gleichen Stunde beten oder in Bethel zweihundert, ist nicht entscheidend. Wichtig ist allein, dass wir gemeinsam antworten, dass unser Dasein zur Antwort wird.

In das Dunkel meiner Zelle flutet Wehmut. Eine Landkarte stelle ich mir vor, aus der die Synagogen ausradiert wurden. Der Holzbau in einem Dorf auf der Schwäbischen Alb brennt wie der stattliche Zentralbau in einer deutschen Großstadt. Gebäude auf altehrwürdigem Gelände verkohlen wie in Worms und Speyer und gerade vollendete Gebäude in der assimilierten Architektur einer trügerischen Hoffnung auf ein gelingendes

Miteinander. Brennen die jüdischen Versammlungsräume, kann niemand mehr auf volle Kirchen hoffen. Wie rankenlos ehrlich müsste eine Buße sein, die dann noch einmal Gehör findet. Dieser Krieg versehrt Länder, er zerstört Leben und vernichtet die Vitalität kommender Generationen. Er vertreibt den Heiligen Geist. Gott bleibt bei seinem vertriebenen, gemordeten und verbrannten Volk. Die Kühe finden Platz in einer Kirche, die ihn längst verloren hat. Meine Hände falten sich. Nachbarn in Grunewald fallen mir ein, Freunde, Flüchtlinge. Sternträger. Sie alle eint der Adel, Juden zu sein. Psalmen bete ich für sie, Davids Lieder.

Wehrlos

Es war als hätt' der Himmel
die Erde still geküßt,
daß sie im Blütenschimmer
von ihm nun träumen müßt'.

Die Luft ging durch die Felder,
die Ähren wogten sacht,
es rauschten leis die Wälder,
so sternklar war die Nacht.

Und meine Seele spannte
weit ihre Flügel aus,
flog durch die stillen Lande,
als flöge sie nach Haus.

Joseph von Eichendorff

Ein Nachtweg führt mich nach Bethel. Elf Jahre sind es seit den Sommertagen dort. Wenn der Vater uns Kinder mitnimmt in die Charité, damit wir einigen seiner kleinen Patienten ein Weihnachtsgeschenk bringen, dann treffen wir dort einzelne Kranke. Architektur und Organisation geben ihnen Raum und begrenzen sie zugleich. Die Medizin trennt die Sphären von gesund und krank. Ich kann es dem Vater nicht hoch genug anrechnen, dass er die Grenzen durchlässig werden lässt und etwas wie Liebe zwischen den Versehrten und ihrem Arzt entsteht. Bethel dagegen erinnert an ein Getreidefeld in der Sommersonne. Das Auge sieht ein einziges Gewoge von Ähren. Manche sind geknickt, neigen sich weit zum Boden. Natürlich unterscheiden sich die Diakonissen in ihrem ganzen Habitus, aber sie wirken wie dunklere Halme in einem weiten Feld. Auf diesem Ort liegt keine Romantik. Aber eine Gleichheit in dem ganz Grundlegenden, ein menschliches Gesicht und einen Namen zu tragen.

Im Betheler Gottesdienst mischen sich auch die sonst eher getrennten Gruppen. Umständlich setzt sich ein Alter, steht wieder auf, sucht in der Nähe des Ausgangs seinen Platz. Weiße Bartstoppeln wuchern um einen beinahe zahnlosen Mund. Wann hat es ihn nicht mehr im Vertrauten gehalten? Warum wurde die Landstraße sein Ort und sein Weg? Das Gesicht des jungen Mannes bewegt sich in einem ständigen Übergang von weicher werdenden Zügen und erneuter Anspannung. Die Angst scheint in die Gestalt eines Uhrwerks geschlüpft zu sein. Zeit zerfällt in einzelne Schritte und Partikel. Nie aber entsteht Sicherheit darin, wann sich die Zahnräder erneut ineinander verkanten und ein gewaltsamer Stillstand eintritt. Diese Ohnmacht wird in derselben Sekunde zu einer Erfahrung des Überwältigtseins. Im Ausfall des Gemäßigten gewinnt der Anfall die Oberhand. Ein Mensch, der dies immer wieder erfährt, muss sich unendlich wehrlos vorkommen, angewiesen auf Hilfe und Linderung, vor allem aber darauf hoffend, dass sich diese gewaltsame Verdichtung wieder löst. Damals habe ich noch nicht geahnt, welches Ausmaß an Wehrlosigkeit wir in den nächsten Jahren erfahren sollten. Die Ermächtigung Hitlers lähmte die bisherigen Vitalfunktionen eines ganzen Volkes. Ein unendlicher Anfall hat begonnen. Verstört und zuckend liegen wir am Boden.

Wir haben als Familie so viele Gründe angesammelt, sicher zu sein. Der Wohlstand setzte uns keinen spöttischen Blicken auf abgeschossene Hosenbeine und durchgewetzte Ärmel aus. Im Schutzmantel eines Professorentitels konnte uns so schnell kein Spott treffen. Bildung ließ keine ernsthaften Zweifel darüber aufkommen, dass aus uns schon etwas werde. Wir lernten es, zuzuhören und eigene Gedanken in Worte zu fassen. Eine festlich gedeckte Tafel machte uns nicht ratlos, mit welchem Besteck die einzelnen Gänge zu verzehren sind. Die Fähigkeit, sich angemessen zu bewegen, nahm gesellschaftlichen Anlässen ihre peinigende Peinlichkeit. Es gab genug zu essen – auch für acht Geschwister. Die Unsicherheit, ob es für alle reicht, haben wir so nicht durchlitten. Es hätte alles gut werden können. Das Elternhaus als Anfang einer kleinen Siedlung, lauter Bonhoeffer-Häuser, jedes anders und doch ein verwandter Stil.

Dann löst ein einzelner mörderischer Wurf eine Kriegslawine aus. Überall flattern Fahnen. Wimpel verzieren die voll beladenen Züge. Blaskapellen spielen Militärmärsche nicht mehr nur an Gedenktagen, sondern ständig. Paraden verwandeln die Innenstädte in Volksfeste. Der Kaiser kennt nur noch Deutsche. Zu lange haben wir diese Mischung aus nationalem Pathos, Stolz und Überheblichkeit eingeatmet, um der Trance zu entgehen. Ein Volk voller Rationalität gerät in einen Taumel. Einer folgt dem anderen zu den Waffen. Auch viele, die eigentlich dem Friedensfürsten nachfolgen.

Die Euphorie verfliegt. Aus Siegen werden Katastrophen. Eroberungen mutieren zu riesigen Gräbern. Der Krieg verlangt unaufhörlich neue Nahrung. Statt sich seiner zu schämen, leitet die Scham einer möglichen Niederlage, verleitet zu immer groteskeren, sinnlosen Opferungen von jungen Menschen. Im vorletzten Kriegsjahr erhalten meine beiden ältesten Brüder dieses berüchtigte Schreiben. Wie viele Familien hat es zerschnitten, Leere erzwungen, wo gerade noch ein Vater mit seinen Kindern Drachen steigen ließ, ein Sohn seinen greisen Vater zu einem Stuhl in der Sonne trug.

Walter stirbt. Mein Bruder. Mein geliebter Bruder Walter. Nichts ist seitdem, wie es zuvor war. Das Haus Bonhoeffer erhält für immer einen Riss. Wir sind nicht mehr sicher. Unsere Herzen krampfen sich zusammen. Am Boden ist zerstört, was lange Zeit aufrecht hielt. Den Anfallskranken, mit denen ich in Bethel Gottesdienst feiere, weiß ich mich immer näher. Wehrlos zu sein, gehört zum innersten Wesen des Menschen.

Sicherung zu geben ist allein die Liebe fähig. Wir stärken uns als Kinder immer wieder an ihr. Die Trauer der Eltern um unseren toten Bruder tilgt Zweifel, was ihnen eigentlich wichtig ist. Wir sind in ihrem Herzen – stehend und fallend, gesund und angefochten. Wir sind es in unserer ganzen Wehrlosigkeit.

Damals in der Betheler Kirche inmitten der vielen Wehrlosen steigt ein Bild der Liebe in mir auf. Es gibt in

Rembrandts Hundertguldenblatt kein pulsierendes Rot als Ausdruck einer liebenden Tiefe, kein glutiges Orange leidenschaftlicher Nähe und kein Grün als Lebenskorridor. Nur das Geschehen zwischen den Personen spricht, verstärkt durch die Dunkelheit und das Licht, aus dem sie kommen. Wehrlose sind hier versammelt, Obdachlose, Heimatlose. Mitten unter ihnen der Eine. Nirgendwo die Distanz zwischen Arzt und Patient, zwischen Priester und Laien. Er steht auf demselben Boden wie sie, atmet ihre Luft, trinkt ihr Wasser, spürt die Hitze wie sie. Keine Schranken trennen, keine Quarantäne teilt sie in zwei Lager, keine Frage nach Wertigkeit sondert sie aus. Es ist der Christus unter den Wehrlosen. Seit Bethel bin ich mir gewiss, dass wir ihre Vernichtung aufhalten müssen. Irgendwie.

Wind

Der Regen fällt nicht ihm, die Sonne scheint nicht ihr:
Du auch bist anderen geschaffen, und nicht dir.

Angelus Silesius

Quietschende Reifen und Rufe – irgendetwas nimmt die Laute der nahen Straße auf und trägt sie in manchen Stunden hierher. Der Wind, wer sonst? Aber ich kann ihn nicht spüren. Hier geht scheinbar alle Bewegung von Menschen aus. Die Türen sind keine Beute eines Sturms, der an ihnen rüttelt und zerrt, bis sie ächzen. Hände drehen Schlüssel nach links oder rechts, packen Schlösser, stoßen sie in das Scharnier oder aus ihm heraus. Auf und zu, hinein und hinaus ... In diesen Gängen und Kammern hat das Windspiel der Freiheit keine Chance. In die leeren Felder irgendwelcher Formulare werden Namen eingetragen. Dann nimmt alles seinen Lauf. Den einen stoßen sie in das Verlies, den anderen zerren sie hinaus. Wer ankommt, hat alles Bisherige in einem Moment verloren. Wer davongeht, verliert in einem Augenblick sein Leben.

Wind ist Unverfügbarkeit. Du spürst ihn auf deiner Hand, du hörst das Rauschen und Rascheln der Blätter, du siehst das geblähte Segel einer Jolle, prall wie die Backen eines Jungen, der eine Papiertüte aufbläst. Mehr aber bekommst du nicht von ihm als seine Spuren. Ihn zu fangen heißt, ihn zu erlegen. Sind die Wände erst hoch genug und die Mauern undurchdringlich, dann legt er sich wie ein gejagtes Tier und stirbt. Wer den Wind verbannt, den stört das Leben.

Windmomente, ich erinnere mich an sie. Einen der merkwürdigsten erlebe ich auf dem Deck der „Bremen". Liegestühle, nicht preußisch akkurat, sondern von jedem ausgerichtet, wie er es braucht und genießt. Ein Polster lässt die Härte des Holzes vergessen. Die Sonne hat richtig Kraft. Meine helle Kappe könnte einem Händler in einem arabischen Basar gehören. Die Beine übereinander gelegt, stützen sie ein Konvolut von Blättern. Gedanken, zu Sätzen geworden, destilliert aus dem Gewussten und dem Geglaubten. Wichtig sind sie mir in ihrer Folgerichtigkeit, ihrem inneren Takt. Oder sind sie nichtig? An das Wort des Ewigen binden sich meine Deutungsversuche. Ihre Unbedingtheit fällt auf mich. Zugleich bin ich in einem ständigen inneren Abgleich dessen, was ich einmal für Deutschland gehalten habe mit der Verfestigung von Hitlers Herrschaft. Vor sechs Jahren hat er sich ermächtigen lassen und ist seitdem die Macht. In diesem Mai 1939 reise ich aus seinem Reich und entgehe ihm doch nicht. Das immer neue Überrascht-Sein von seiner Dreistigkeit und seinem Zynismus ist längst der dumpfen Überzeugung in mir gewichen, dass das Böse jeden ihm gewährten Raum einnehmen wird. Die Gedanken kreisen um seine Begrenzung, Zurückweisung und Überwindung. Sie fragen aber auch nach dem Sinn uralter Worte, nach der Bedeutung von Zeichen, in denen sich Heil verdichtet. Ich kann diese Sphären nicht mehr in mir trennen. In ihrer Vermengung löst sich meine Souveränität auf. Wenn das Hochwasser steigt, Flüsse über die Ufer treten, Dämme brechen, die Außenwände von Häusern den wachsenden Pegeln nicht mehr standhalten, Fenster bersten, lässt sich nicht mehr scheiden, was bis dahin einzelnen Räumen vorbehalten war. Regale kippen kopfüber unter dem Druck der andrängenden Flut. Alles verliert seinen einstmals bewusst gewählten Platz und fällt wahllos durcheinander. Einzelne Bücher schwimmen auf dem braunen, brackigen Wasser. So kommt mir manchmal unser Wissen vor in diesen Jahren, so wehrlos und schutzlos. Die Bände bilden in ihrer Ordnung und Systematik keine Ordnung mehr. Sie treiben dahin. Deutungen zerfallen. Zusammenhänge lösen sich in Bruchstücke auf. Die Verwirrung ist immer einen Schritt voraus. Da die Bedrohungen zwar organisiert sind, Regeln aber nicht achten, kann man ihnen nicht wie in einem Schachspiel begegnen. Längst gibt es keinen Gegenzug mehr, nur noch den Versuch, das Spiel möglichst rasch zu beenden.

Ich habe in dieser Zeit versucht, dennoch eine ernsthafte Theologie zu entwickeln. Konzentration war dabei ein unverzichtbares Werkzeug. Auf dem Schiffsdeck konzentriere ich mich auf meine Blätter mit den mühsam errungenen Texten. Den Kurs des Schiffes kann ich nicht bestimmen, noch weniger den Weg des Meeres beeinflussen. Wir sind immer einzelne. Die Kraft eines Menschen ist schnell am Ende. Aber wir sind da mit unserer Zeit, unseren Fähigkeiten, unserer Sympathie.

Vielleicht verbündet sich ja die Kraft aus der Höhe mit dem Schwachen, vielleicht findet die Hand Davids noch einen gerundeten Kiesel.

Auf dem Deck geht zu dieser Stunde ein leichter, kühlender Wind. Der Moment naht, da sehe ich über das Manuskript hinweg und spüre ihn. Woher kommt dieser Wind? Ist er über die Wälder und Felder Europas gestrichen, bevor er seine Schwingen ausbreitete in die uferlose Weite? Trägt er die fremden, faszinierenden Gerüche der Neuen Welt in sich, ihre riesigen Dimensionen und ihre vibrierende Dichte? Von keinem kontrollierbar, von nichts protokollierbar, nirgendwohin verbannbar weht er über uns Wanderern zwischen Welten. In der Gegenwart des Windes kann Neues entstehen.

Wunde

Wir sehen jetzt durch einen Spiegel
in einem dunklen Wort. *1. Korinther 13*

Eine dunkelrote Fläche, umschlossen von einem violetten Saum – immer wieder kehren meine Traumaugen dorthin zurück. Ein See könnte dies sein in der farblichen Überhöhung romantischer Maler, eine Abendstimmung, verwandelte Landschaft im späten Licht. Doch dies ist keine Zone verklärter Schönheit. Eindunkelung kündigt sich an, ein Verdämmern der Gedanken, Bewusstlosigkeit bis zum vollständigen Erlöschen der Lebensflamme. Ein See der Schmerzen ist dies, eine große, klaffende Wunde. Der verwundete Mensch krümmt sich im Staub. Zuckungen wechseln mit Phasen einer trügerischen Ruhe als Vorraum des Verdämmerns. So muss er ausgesehen haben, der Amtsbruder und Mitchrist, als die Männer in ihren frisch gestärkten SA-Uniformen von ihm ablassen. Als wir Seminaristen von ihm erfahren, sind wir selbst schon bespitzelt. Doch geschlagen haben sie uns nicht. Dies ist eine Zeit des ständigen „noch nicht". Jeder von uns erfährt Zurücksetzung, Ächtung und Spott, und weiß zugleich von Verletzungen, die viel weiter reichen. Noch sind wir Opfer ersten Grades, noch spüren wir unseren Körper als unser Instrument, auf dem wir selbst spielen, noch füllt sich unsere Seele nicht ganz mit dem Unfasslichen. Eine unauflösliche Wiedergeburt der Angst vollzieht sich hier. In immer neuen Gestalten bricht sie aus dem Untergrund. Sie tritt ein in unsere Schatten und verlässt keinen mehr. Es gelingt, mit dem Verprügelten in Verbindung zu treten. In einem Auto wird er zu uns ins Seminar gebracht. Was für eine Herberge ist dies, stets von der Schließung und Schändung bedroht? Doch die äußeren Wunden schließen sich. Gemeinsam falten sich erschrockene Seelen leichter.

Die Wüste kommt zu uns. Es braucht keine Einöde mehr, um unter Gewalttäter zu gelangen. Sie suchen keine Deckung mehr. Deutschlands Straßen sollten sicher werden. Eine der Parolen ist dies, die in traurigster Ironie wirklich wurden. Vielleicht kann die Bankiersgattin ihren Hund jetzt nach Einbruch der Dunkelheit leichter spazieren führen als noch vor zwanzig Jahren. Nur begegnet sie jetzt Männern in langen Mänteln. Rauchend sitzen sie in einem Wagen und starren auf ein observiertes Haus. Oder sie dringen ohne jede Vorankündigung irgendwo ein, lassen einen Familienvater ein paar Dinge in eine Aktenmappe stopfen und führen ihn vor den Augen seiner fassungslosen Frau ab. Im Stockwerk darüber bewegt sich eine Gardine. In seinem weißen Schlafanzug steht der Sohn am Fenster. Zitternd vor Kälte, der Vater wird zu einem Wagen begleitet. Bevor er einsteigt, dreht er sich noch einmal kurz zum Haus um. Die Hand winkt. Es ist das Letzte, was sie voneinander sehen.

Menschen spüren den pochenden Schmerz ihrer Wunden Tür an Tür mit uns. Wir gehen an ihnen nicht vorüber wie die beiden Vertreter von Eliten in dem Gleichnis vom Samariter auf seinem Weg durch die judäische Wüste. Doch sie leiden überall. Längst sind es nicht mehr nur Einzelne, leicht übersehbar und mühelos von den scheinbar Gesunden zu isolieren. In jeder Stunde fallen in diesem Land Menschen unter die Räder und verlieren die Unversehrtheit ihrer Beziehungen, ihrer Güter und ihres Glücks. Unablässig gebiert der Wahnsinn neue Opfer. Städte werden zur Wüste. Banden müssen nicht mehr aus dem Hinterhalt agieren. Sie nehmen die Vordereingänge. Überall haben sie Vorfahrt.

Mein Traum führt mich an den Saum einer einzigen Wunde als sei es der Rand des Vesuvs. Schmerz ist immer konkret. Für den Leidenden wird entscheidend, ob alle an ihm vorübergehen. Wer innehält, in die Knie geht, mit seinem Arm den pochenden Kopf stützt und etwas Flüssigkeit einflößt, wird ein Nächster. Wir alle sind Passanten dieser Passion.

Denke ich an spontane, großzügige und grenzüberschreitende Hilfe, dann steigen Momente mit den Eltern in mir auf. Virtuosen des Helfens sind sie. Uns Kindern halten sie keine langen Ermahnungen in Sachen Nächstenliebe. Sie überraschen uns einfach mit dem Reichtum ihrer Ideen. Eine Hausangestellte heiratet, und sie richten das Fest aus. In der Nachbarschaft unseres Ferienhauses lebt eine unglückliche Familie, und sie setzen sie als Verwalter ein. Vaters kleine

Patienten sind oft sehr allein. Nie versäumt er es, sie am Weihnachtsfest zu beschenken, und bezieht uns darin ein. Wie oft hören sie mir zu, wenn ich von einem Sorgenkind unserer Arbeit erzähle, und sie helfen, ohne zu beschämen. Ärmer an Erinnerungen wäre ich, wenn sie mich nicht immer neu ermutigt und bis ins Materielle hinein unterstützt hätten. Die Reise nach Rom war ihr Geschenk an mich, der sein zweites Tübinger Semester mit einem satten Sturz auf dem Eis beendet hatte. Meinen Flügel kann ich mir schicken lassen ins freiwillige Londoner Exil, weil sie das Ihre teilen. Wie oft haben seine Klänge den schmerzenden Riss zwischen Heimat und Fremde, zwischen Tyrannei und Freiheit für Augenblicke geschlossen. Und hier, wo ich nichts mehr habe und kann, verstehen sie die leisesten Winke. Sie bezahlen Anwaltskosten für Mitgefangene und schaffen Freiräume mit psychiatrischen Gutachten.

Die Möglichkeiten, wirklich zu helfen, werden geringer, je haltloser die Gewalt anschwillt. Es ist, als stachle ein kalter Rausch die Täter immer stärker an. Ihre Ahnung vom Ende der gigantischen Orgie lässt sich nur mit orgiastischer Brutalität übertönen. Dennoch versuchen wir zu helfen. Hier ein Wort, dort ein Blick, die Scheibe Brot, der stützende Arm ... Hilfe ist eine Haltung. Sie beruht auf dem Entschluss, in dem unter die Räuber Geratenen einen geliebten Menschen zu sehen.

Im Traum schiebt sich eine Schicht zwischen die Wunde und meine Hand. Die Glasscheibe scheidet auf der Isolierstation den Kranken von seinen Nächsten. Wenn wir uns als Kinder auf einen gefrorenen See wagten, sahen wir manchmal Pflanzen unter dem Eis.

So sah ich die Wunde und konnte sie doch nicht verbinden. Alles in dieser Zeit will Menschen voneinander trennen. Aber wir gehören zusammen. Heute tragen wir das Leid. In der großen Schmelze werden wir uns neu berühren.

Stimme

Musik

Zuerst nur dies: als Intervall die Sext,
Paminas Aufgesang „Tamino mein!"
Es wird der Inbegriff geliebten Lebens,
Es wird – „Bald prangt" – der Schöpfungsmorgen sein.

Im Nachterwachen dann: so Langgeliebtes
Vernehm ich neu, von dunklem Wind umweht:
‚Nocturne in Es-Dur', die ‚Appassionata',
‚Die Kunst der Fuge', ‚Vogel als Prophet'.

Wenn Schrift erlischt und selbst die Bilder schwinden
In unsrem düsteren Gewaltenkrieg –
Du wirst bis ganz zuletzt dich zu mir halten,
Du Unverlierbar-Eine mir, Musik.

Albrecht Goes *(1908 – 2000)*
Dietrich Bonhoeffer war mit dessen Bruder Helmut im Gespräch.

Ansingen gegen die Angst, ob es hilft? Im Liegen wird sie wieder so schlimm, dass ich aufstehe und mich mitten in den kleinen Raum stelle. Die Augen schließe ich, um mich wegzuträumen von diesem Ort. Wenn das so einfach wäre. Das Gehör hält mich zurück. Ein Gefängnis hat seine eigenen Wände. Den ganzen Lärm des Alltags wehrt es ab. Wie schön wäre es, einmal wieder das Prasseln von Frühlingsregen auf Kopfstein zu hören, die Sprünge junger Mädchen, die mit Kreidestrichen „Himmel und Hölle" spielen, den rauchigen Ruf des Scherenschleifers, vervielfacht von den hohen Fassaden eines Hinterhofs, Marktfrauen, die sich gegenseitig überschreien, das anschwellende Schlagen hunderter von Flügeln eines Vogelzuges gen Süden, das Knarzen einer hohen Holztür, die sich unter dem steinernen Portal einer Kathedrale öffnet, das Getrappel von Pferdehufen, ein wenig müde nach stürmischem Austritt, Mutters Stimme, die uns an den gedeckten Tisch ruft, den Zusammenklang der Geigen, des Cellos und des Cembalos an Abenden im Kerzenschein, Eberhards Willkommensgruß nach einer beschwerlichen Reise, das Knuspern aufbrechender Kruste, wenn ein langes Messer den Laib eines frisch gebackenen Bauernbrotes schneidet, das Wehen des Windes über Dünengras ... Wie wunderbar wäre es, Marias geliebte Stimme zu hören, plaudernd über ihre weit verzweigte Verwandtschaft, ein Detail unserer künftigen Wohnung erwägend, sich einsetzend für die Poesie Rainer Maria Rilkes, uns an irgendeine Station unseres noch so kurzen gemeinsamen Weges erinnernd, einfach nur meinen Namen aussprechend wie niemand sonst.

Innerhalb der Mauern dieses Hauses formen sich eigene Laute. Sie machen den Zusammenprall von Macht und Ohnmacht hörbar. Stiefeltritte und Hinken, Zoten und Weherufe, Befehle und Unterwerfungen, Schüsse und Schleifgeräusche. Dazwischen wohnt eine hörbare Lautlosigkeit. Sie hat nichts von der wohligen Ruhe eines Nachmittags, wenn alle anderen das Haus verlassen haben und der Zurückbleibende wählen kann zwischen konzentrierter Arbeit und sorgloser Muße. Das Lautlose ist hier die Zeit vor einem schrecklichen Laut. Keinem öffnet die aufgerissene Zellentür den Ausweg in Freiheit und Licht. Bestenfalls erwartet ihn ein gestundeter Besuch oder ein kurzer Gang im Geviert des Innenhofes. Meistens aber wird geholt, um Leid zu erfahren. Die Sehnsucht nach guten Klängen und die Furcht vor den Lauten der Haft lassen sich gar nicht mehr voneinander trennen. Wie oft bin ich aus den Spannungen des Miteinanders oder dem Misslingen einer theologischen Formulierung heraus zum Flügel geflüchtet. Die Tasten mussten meine ungebändigte Kraft aushalten und meine Verzweiflung aufnehmen, manchmal aber auch nur mitspielen, wenn ich ausgelassen und glücklich war. Meine Finger erinnern sich an das lackierte Holz. Es fehlt mir.

Kein Instrument ist mir geblieben – außer meiner eigenen Stimme. Der große Kirchenraum nimmt mich wieder auf. Weniges nur gibt ihm ein sakrales Gepräge. Die Architektur New Yorks hat konstruktivistisch sachliche und neogotische Kirchen zu bieten. Manchmal zitiert sie sogar die Romanik und byzantinische Formen. Darin drückt sich auch der Wohlstand einer Gemeinde aus. Die Schwarzen feiern oft einfach in Sälen. Die Stühle lassen eine Reihung nur ahnen. Manches steht kreuz und quer, wie sich die liturgischen Elemente kreuzen und darin inspirieren. Wie oft bin ich dort gewesen, stand nahe der Tür, bis eine Hand die meine fand und mich hineinzog in das Miteinander. Dort wird der Glaube Gesang. Höhen erklimmt er und steigt in wirkliche Tiefen. Er bricht hervor wie ein Geysir und ist dann wieder kaum mehr als rhythmisches Flüstern. Diese Lieder erzählen vom Menschen, von seinen Bekümmernissen und seinem Sehnen, und sie wissen von dem einen Gegenüber. Wann habe ich seinen Namen seit meinen Kindergebeten jemals wieder so unmittelbar und erwartend ausgesprochen: Jesus ...? Manches habe ich dagelassen, verschenkt, um in meinem Koffer Platz zu bekommen für die Schallplatten mit Spirituals. Wenn mir meine Sehnsucht, dieses Land der Zäune, Gitter und Wachtürme hinter mir zu lassen, jeden Halt nahm, haben sie mich getröstet. Die Konfirmanden lachten meist beim ersten Hören und wollten dann immer mehr. Wir haben sie gehört, wenn uns im Predigerseminar der Kopf rauchte.

In dieser Nacht singe ich an gegen meine Angst. Spirituals öffnen sich wie ein großer Kreis von Glaubenden um einen Altar. Da ist noch ein Platz für mich. In der Gemeinschaft des Leidens werden wir den nahen Morgen erwarten.

Rausch

Wahrhaft groß ist, wer große Liebe hat.

Thomas von Kempen

Manchmal ist es ein Rausch, Seite um Seite zu schreiben. Aufgeschlagene Bücher umgeben mich wie eine Wagenburg. Auf der Mitte des Tisches aber liegen weiße Blätter und warten auf meine Hand. Ein Gedanke entwickelt sich aus dem vorherigen. Eine These setzt sich selbst mit möglichen Einwänden und Entgegnungen auseinander. Zitate aus der Bibel wirken wie Positionslichter in Ufernähe. Sie halten das Textschiff auf seinem Kurs und verhindern ein verfrühtes Ankern. Die Tage und Wochen davor sind oft quälend. Die vorbereitende Lektüre fällt mir nicht schwer, beschenkt wie ich bin mit einer Mühelosigkeit des Lesens. Irgendeine vor langer Zeit auf einem Zettel notierte Passage aus einem Buch wiederzufinden, das längst der Bibliothek zurückgegeben wurde, kostet manche Viertelstunde unter dem Vorsatz, die Ordnung endlich zu verbessern. Wirklich anstrengend aber ist die Entstehung einer gedanklichen Struktur. Alternativen stehen ständig bereit. Es gilt, sich zu entscheiden, festzulegen, Einseitigkeit zu wagen und doch gesprächsbereit zu bleiben. Viele meiner Texte haben sich entwickelt und geformt, bevor auch nur eine einzige Zeile zu lesen war. Das Schreiben hat etwas von einer Verflüssigung. Anfangs hält die Hand oft inne, streicht Worte, ja ganze Abschnitte. Dann werden solche Pausen seltener. Die Sätze gewinnen eine gewisse Geschmeidigkeit. Für lange Zeit verliert sich das Gefühl von Anstrengung und Schwere. Zeile folgt auf Zeile.

Viele Texte sind entstanden. Predigten und Essays, wissenschaftliche Abhandlungen und Erklärungen, Flugblätter und Andachten. Ich wollte mich einbringen, ja einmischen. Fehlhaltungen sollten korrigiert werden, Irrtümer aufgeklärt. An ihre Stelle sollte ein Funken Wahrheit treten. In diesen Nächten kommen meine Texte zu mir zurück. Der Stolz ist wieder zu spüren, den ich empfand, als ich das erste Exemplar meiner Dissertation in Händen hielt. Glücklich war ich auch, als der letzte Punkt meiner Habilitationsschrift stand. Doch das ist ein ernsteres Glück, weil schon 1930 gar nicht mehr abzusehen ist, welchen Sinn das Wirken eines Einzelnen noch hat. Dünne Schriften fallen mir wieder ein, in denen sich ein intensives Nachdenken verdichtet. Die Gedanken der Heiligen Schrift und diese bedrückende Wirklichkeit wollte ich miteinander ringen lassen, vertrauend, hoffend, wagend.

Merkwürdige Gäste sind meine Texte. Ich müsste sie kennen wie kein anderer. Dennoch haben sie auch etwas Fremdes. Wesen aus Glas ähneln sie, nichts an ihnen ist mir fremd, und doch irritieren mich manche Brechungen des Lichts in ihnen. Noch einmal möchte ich sie in einem Rohzustand anfassen, manche Partie anders formen, Schlacken auswischen. Man kann das gebrannte

Gefäß nicht ein zweites Mal auf die Töpferscheibe setzen und darauf hoffen, seine Form neu festlegen zu können.

Im Feuer des Schreibens lodert auch die Flamme der Eitelkeit. Die Ohnmacht vor einem Stapel leerer Blätter wandelt sich in eine Manifestation von Stärke. Kolonnen von Zeilen bilden irgendwann einen stattlichen Aufmarsch. Aus dem Nichts wird ein Etwas. Der Schreibende gewinnt die Züge eines Erschaffenden. Ich bin über meine Reaktion erschrocken, als eine Tageszeitung meine Betrachtung zum Osterfest ablehnt. Zwölf, dreizehn Jahre ist das jetzt her, aber ich spüre den Ärger noch immer. Die Wut ist weiterhin fühlbar auf diese ignoranten Zeitungsmacher. Wie oft waren schon Texte von mir gedruckt worden, und jetzt die Ablehnung durch einen Winzling. Seitdem schreibe ich nichts mehr für Zeitungen, aber das innere Lernen führte noch weiter. Mein Stolz kann sich nicht aus dem Staub machen. Er ist da, wenn ich zu schreiben beginne. Ich kann nur versuchen, dass er nicht die erste Geige spielt. Soll er doch irgendwo in der zweiten oder dritten Instrumentenreihe seinen Platz finden, dort, wo man ihn nicht so gut hört.

Stil verändert sich. Das wissenschaftliche Bewusstsein wandelt sich mit jedem weiteren Jahr ausgeübter Forschung und Lehre. Doch es geht um mehr. Diese Zeit gibt Worten ein neues Bedeutungsfeld. Die Sprache des Nationalsozialismus hat Zonen der Selbstüberhebung und der Auslöschung geschaffen. Sätze trennen, sondern aus, bestimmen die einen zum Triumph und andere zum Untergang. Menschen, denen dieser ungeschminkte Hass gilt, bedürfen unserer besonderen Schonung. Wir müssen Fixierungen aushebeln und den Bann brechen. Nicht der theologische Binnenraum allein nimmt auf, was geschrieben, gesprochen und worin geschwiegen wird. Ein ganzes Volk ist in das Spannungsfeld von lebenswert und unwert geraten. Wenn der Glaube keine anderen Zuordnungen wagt, bleibt er sich selbst schuldig. Spricht er nicht denen Annahme zu, auf die ein sich ständig reproduzierender Hass gerichtet ist, dann sagt er gar nichts. Kann ich heute noch von „Feinden Gottes" schreiben, wenn auch Juden in der Umgebung Jesu damit gemeint sind? Was für ein Begriff! Die Feindschaft gegen Gott gewinnt in meinen Jahren eine bizarre, wahnwitzige Gestalt. Jüdische Menschen werden ihre Opfer. Meine Formulierung auf der ersten Seite von „Gemeinsames Leben" ist vieldeutig und offen für Missverständnisse, die es nicht geben darf.

Der Rausch des Schreibens verweht. Worte bleiben zurück. Sie verlassen meinen Schreibtisch, werden vervielfältigt, ausgestreut. Das ist der Sinn und der Widersinn solcher Arbeit. Ich verstehe sie heute besser, die Schweigsamen, die Sparsamen, die Wortgeizigen. Einen Thomas von Kempen etwa mit seiner inständigen Ermahnung, um Gottes willen nicht so viel zu reden.

Der Weg aber, mein Weg führt über Texte. Erst eine Habilitationsschrift öffnet den Hörsaal. Wer mit Studenten in ein ernsthaftes Gespräch treten will, muss auch schreiben. In der begrenzten Zeit mit den Vikaren gilt es, manches in kleinen Schriften aufzubewahren und ihnen mitzugeben. Anderes lässt sich nur in

Rundbriefen miteinander teilen. Ich muss schreiben, trotz aller Risiken. Diese Zeit ist ja nicht wortkarg. Unaufhörlich sprechen die Herrschenden zu dem Volk, mit dem sie in einem beängstigenden Bund stehen. Die Wiederholung der Phrase ist ihre einzige Chance. Der Führer kann dies nur bleiben, wenn die Verführung pausenlos wiederholt und damit ins Bewusstsein eingebrannt wird. Er hat dafür gesorgt, dass seine Stimme in jedem Wohnzimmer und in jeder Dienststube empfangen wird. Die Rhetoren werfen ein feines Netz von Umdeutungen über die Wirklichkeit. Sie erfinden Namen für das Namenlose. Bisher Unvorstellbares wird zum harmlosen Element einer Gleichung, die positiv aufgehen soll. Es gibt eine todbringende Syntax.

Wir dürfen nicht schweigen. Sätze des Lebens gilt es zu schreiben, glaubwürdige, entschlossene, eindeutige. Dem Tod muss widersprochen sein. Viele Frauen und Männer sind mit mir an dieser Aufgabe. Ihr Stil könnte unterschiedlicher nicht sein. Das gerade ist gut. Die Diktatur versieht ein Volk mit Uniformen. Zuvor aber uniformiert es seine Sprache. Die Wirklichkeit wird auf wenige Begriffe verengt. Phrasen bilden das Reservoir, aus dem für Ereignisse und Begebenheiten dann ein Deutungskorsett gebaut wird. Schon die unverwechselbare Handschrift der Aufrechten, der Klang ihrer Stimme sind Reflexe des Lebendigen. Es gilt, Widerspruch einzulegen gegen die Allmacht des Todes, ein Veto der Menschlichkeit in Prosa und Poesie, in Predigten, Romanen, Theaterspielen ... Zu Sophie Scholl und den Freunden von der Weißen Rose denke ich hin. Passagen ihrer Flugblätter fallen mir ein. Wir wollten uns treffen, Kräfte bündeln, uns ermutigen und stärken. Nun sind sie schon in der anderen Welt. Draußen in Nikolassee wohnte Jochen Klepper mit seiner jüdischen Frau und deren beiden Töchtern. Mitten im Chaos hat er Lieder geschrieben. Sein „Kyrie“ hat einen merkwürdig fremden und nahen Klang. Unser erstes Gespräch war schon verabredet, aber sein Tod kommt auch ihm zuvor. Paul Goes erzählt mir von seinem Bruder Albrecht. Der hat einen erstaunlichen Band „Verse“ veröffentlicht. In seiner Mörike-Biographie findet er mutige Worte für das innere Reich, auf das es eigentlich ankommt. Als Lazarett- und Gefängnispfarrer ist er im Osten. Wenn er zurückkommt – wie sehr wünsche ich ihm das – wird er als ein Zeuge erzählen. Das Leben lässt uns keine Wahl. Ein riesiges Stauwehr türmt sich immer höher. Der quirlige, sprudelnde Strom stockt und wird zurückgedrängt. Lasst uns mit Sätzen Auswege formen, kleinen Rinnsalen Platz geben, dem Wasser wieder Wege bahnen. Auch wer sich ab und an verschreibt, muss nicht verstummen. Keinem von uns gelingt ein reiner Klang. Schweigen dürfen wir deshalb nicht.

Im Traum sehe ich ein Buch. Ohne dass ich auch nur eine Zeile darin lesen könnte, spüre ich: Es ist eine meiner Arbeiten. Die beiden Einbandseiten sind nach außen geklappt. Aufgeschlagen liegt das Buch auf einem Baumstumpf. Wind spielt in den Seiten. Ringsum erheben sich alte, hohe Tannenbäume. Eine kleine Lichtung im Schwarzwald könnte es sein, aber der Ort bleibt unbenennbar. Merkwürdiges geschieht. Mir ist, als lösten sich im Anhauch des Windes Worte aus den Blättern, manchmal auch ganze Sätze, Abschnitte sogar. Ein reinigendes Geschehen vollzieht sich da, aber mild, nicht vernichtend. Leerstellen entstehen, helle Flächen, weiße Felder. Sie umgeben das Bleibende, betten es ein. Es ist, als übernehme ein anderer die mir unmögliche Korrektur. Worauf es ankommt, er weiß es.

Maskerade

Mein sehr lieber, geliebter Dietrich!
Wenn ein Brief von Dir kommt und ich lese ihn, dann ist es, als säßest Du neben mir und sprächest zu mir, so, wie wir noch nie zusammen sprachen, wie wir aber sprechen werden, wenn wir allein sind. Ich möchte immer nur zuhören, wenn Du so zu mir sprichst. Es ist, als wäre es Musik und nicht einfach Worte. Mit Worten redet man sich so leicht auseinander, aber in der Musik fühlt man sich zusammen. So sind alle Deine Worte, die Du schreibst. Wie eine offene Hand, die ich anfassen kann, die ich lieb habe und an der ich mich festhalten will. – Es ist so gut, daß Du schreibst was Dich traurig macht, wann Du dankbar und froh bist und wie Du an mich denkst. Mein Unvermögen, Dich mit meinen Briefen und Besuchen froh zu machen, empfinde ich so quälend. Daß Du es trotzdem spürst was dahinter steht und was ich Dir sage ohne es auszusprechen oder zu schreiben, danke ich Dir. Wenn ich weiß, daß Du nach einem Wiedersehen froh bist, wie könnte ich dann traurig sein? – Sieh, Dietrich, es muß ja Stunden geben in denen man böse oder traurig oder verzweifelt ist. Aber sie sollen nicht größer werden als wir beide und unser Miteinander. Es ist mir immer unbegreiflich gewesen, daß sie nicht größer geworden sind. Es lag nicht an mir. Aber nun weiß ich auch, daß sie nicht über uns hinauswachsen können.

Maria von Wedemeyer
an Dietrich Bonhoeffer, 8.10.1943

Mit Maria in der Oper. Ein Traum. Parfumspuren kreuzen sich. Wie Kinder kichern wir über ein hüpfendes Monokel auf einem riesigen Bauch in schwarzem Frack. Sekt perlt in hohen Kelchen. Die roten Polster der Sessel im Parkett geben Halt und schmiegen sich zugleich an. Instrumente stimmen sich ein. Dann dunkelt der riesige Saal. Nur aus dem Orchestergraben schimmert noch Licht auf. Die Zuschauer auf den Emporen entdecken den Dirigenten zuerst. Applaus brandet auf. Schön ist das Schweigen vor dem ersten Klang. Unsere Hände finden sich und geben sich wieder frei. Was Musik für einen nahen Menschen bedeutet, wer kann es wirklich wissen? Wir vergessen uns und spüren uns im gemeinsamen Hören. Dann schiebt sich der dunkelblaue Vorhang auseinander. Der Traum verdichtet die Zeit.

Eine Szene löst sich aus dem Ganzen. Auf der riesigen schwarzen Bühne erhebt sich ein einziger kleiner, nach vorne offener Raum. An einem Tisch sitzt eine junge Frau und wickelt Wolle. Von außen nähert sich ein junger Mann. Der Gesang verrät seine Liebe. Sie lässt ihre Arbeit sinken, hört ihm zu, steht auf, antwortet. Ein wunderbarer Zwiegesang entfaltet sich, getrennt nur durch die Fassade des Hauses.

Dann geschieht das Ungewollte, Ungeplante, Unwägbare. Die Frau unterstreicht ihre Worte mit einer weit ausholenden Bewegung. Ihr rechter Arm deutet in die Richtung des Geliebten. Die Hand berührt die Wand. Sie wankt und fällt. In ihrem Fall reißt sie die anderen beiden Wände mit sich. Da stehen die beiden Liebenden, ungeschützt und unverstellt. Wie werden die Künstler reagieren? Welches Zeichen geben sie dem Dirigenten? Nur ein Augenblick des Zögerns liegt auf der

Szene. Dann setzt der Gesang wieder ein. Die Wände des Zimmers schützen und schirmen ab. Sie schaffen eine Binnenwelt, die der von außen Kommende nicht aufschrecken will. Er hat sein Bild von der geliebten Frau im behüteten Raum. Nun sehen sie einander. Ihnen bleibt nichts als sie selbst und all das Verbindende und Lockende. Die Liebe aber will den anderen sehen wie er ist. Die Beiden vollenden ihr Duett.

Der Traum lässt mir keinen Zweifel darüber, dass Maria und ich nicht nur im Auditorium sitzen. Das Geschehen auf der Bühne spricht mit mir. Was bedeutet es, einen Menschen zu lieben? Bisher erleichtert es mich, sie in ihrer eigenen Welt zu wissen. Unternehmungen mit ihren Verwandten, weite Ausritte, Pflegedienste, Konzerte und ihre rührenden Vorbereitungen unserer Hochzeit und einer gemeinsamen Wohnung – sie erzählt in ihren Briefen so intensiv davon, dass ich glaube, dies sei ihr Leben. Wände beschützen sie, geformt aus Tatkraft und Phantasie, Familiensinn und jugendlichem Optimismus. So vieles ist ihr vor Augen, vielleicht schützt das zugleich mich vor ihren Blicken, den Häftling, geplagt von Ungeziefer und Gestank, von Schüttelfrost und seiner Angst. Gebietet es nicht die Fürsorge, ihr meinen Anblick zu ersparen? Briefe schreibe ich, die eine eigene Welt, meine Welt, schaffen. Miniaturen eines Tages finden darin Platz, Erfahrungen mit Büchern, Gedanken über den Glauben und vor allem der Dank für alle mir erwiesene Geduld, Freundlichkeit und Treue. Diese Innenwelt einer Zelle besteht wirklich. Quellen speisen sie, die vor langer Zeit entstanden. Marias Lächeln weckt das in mir Schlummernde. Manchmal ist mir, als könne mir die Haft gar nicht so viel anhaben. Unsere Briefe verbinden sich zu einem Band, an dem ich mich manchmal aus dem Kerkerfenster ins freie Land hinunterlasse.

Diese Wand schützt. Zugleich aber verhindert sie, dass wir uns wirklich sehen. Vielleicht baue ich seit Monaten an einer Illusion: Hier die junge Braut voller Elan und Mitgefühl, da der starke Mann, eingeschränkt zwar, aber unbeirrbar. Am Ende der Durststrecke öffnen sich die Gefängnistore. Wir können uns endlich einander ganz anvertrauen. Ein Konstrukt zu ihrer Schonung soll dies sein. Manchmal fühle ich mich wie eine der steintragenden Skulpturen in einem griechischen Tempel. Wenn es ihr – spiegelbildlich – genauso geht? Vielleicht webt sie an einer Decke schöner, trostreicher Bilder, die mich wärmen soll. Die Täuschung ist eine Gabe der Liebe, und doch überschätze ich wohl ihre Bedeutung. Die Sehnsucht, getäuscht zu werden, mutet mich auf einmal kleiner und geringer an als der Wunsch, den anderen so zu sehen, wie er ist. Passagen in Marias Briefen fallen mir ein, die nichts anderes zum Ausdruck bringen als dieses Verlangen. Wie oft fragt sie ganz konkret nach meiner Wirklichkeit. Einschnitte im Tageslauf eines Gefangenen lebt sie als Freie in ihrem Alltag mit. Eine Kreidelinie um ihr Bett zeigt ihr die Grundfläche meiner Zelle. Sie spürt meine Enge, kann es – wie ich – kaum fassen, wie schnell schon wieder ein Ende erreicht ist. Den Raum, in dem ich lebe und leide, meinen Käfig, sie will ihn betreten. Kein fescher Reiter erwartet sie darin und kein Künstler mit langen, feingliedrigen Fingern. Meine Muskeln erschlaffen und meine Nägel brechen ganz leicht, bekommen Risse und entzünden sich. Manchmal liege ich wie ein blutendes Tier auf dem kalten Boden. Nur mein Schatten atmet noch.

Nie sind wir nackt in einem See geschwommen. Nie sehen wir das modellierende Licht der erwachenden Sonne auf dem geliebten Körper. Die Vorfreude darauf flackert manchmal wie eine Kerzenflamme. Vielleicht wagen wir eine andere Nacktheit. Sehen wir einander an, wie wir sind! Die Augen sind Boten der Liebe. Deinen Mangel werde ich nicht mehr ausgleichen. Auf immer bleibe ich dir schuldig, mit dir im weißen Kleid an einen Altar zu treten, der Mann an deiner Seite und der Vater deiner Kinder zu sein, die Wärme des Alters gemeinsam auf einer Bank zu verkosten wie Philemon und Baucis. Wir haben nur noch diese Tage. Ich weiß, was dir fehlt. Mögest du mit diesem Zuwenig auskommen. Möge sich die Wunde, die ich dir schlage, irgendwann verwandeln in eine Rose. Steh' auf, Maria. Berühre die Wand zwischen dir und mir, bis sie nachgibt und einsinkt. Wir erkennen einander und singen unser Lied zu Ende.

Sonne

Die Sonne hat es mir von jeher angetan und mich oft genug daran erinnert, daß der Mensch von der Erde genommen ist und nicht aus Luft und Gedanken besteht. Das ging soweit, daß ich einmal, als ich an Weihnachten nach Cuba kam, um dort zu predigen und aus dem Eis Nordamerika's in die blühende tropische Vegetation gelangte, fast dem Sonnenkult erlegen wäre und kaum wußte, was ich eigentlich predigen sollte. Es war eine richtige Krise; und etwas davon überfällt mich jeden Sommer, wenn ich die Sonne zu spüren bekomme. Die Sonne ist für mich nicht eine astronomische Größe, sondern so etwas wie eine lebendige Macht, die ich liebe und auch fürchte.

Dietrich Bonhoeffer
an Maria von Wedemeyer, 20.8.1943

Das Zimmer, noch ganz gesättigt von der Nacht, wirkt als Traumort vertraut und fremd zugleich. An einem Holztisch sitze ich, nicht um zu essen oder mit anderen zu spielen, sondern um zu schreiben. Allein bin ich, wie es meine Arbeit braucht. Blätter liegen vor mir, ich spüre sie und das Holz. Sehen aber kann ich sie nicht. Eine paradoxe Situation! Meine Bereitschaft, an einem Text zu arbeiten, ist da. Fern sind die Stunden, in denen jede Zerstreuung mit Handkuss begrüßt wird. Diese nächtliche Ablenkung hat etwas Notwendiges, ja Zwingendes. Es gilt, im Dunkel zu sitzen und die Schwärze zu spüren. Mein Tun darf sich nicht in Binnenwelten verlieren, nicht der Theologie und nicht der Kirche. Den Spiegelsaal der Eitelkeiten muss ich verlassen. Die Nacht hat ein Recht darauf, dass ich ihr zuhöre, dass ich sie anschaue und aushalte. Sie ist die Wirklichkeit dieser Stunde.

Es fällt mir nicht schwer, aufzustehen und ein paar Schritte zu gehen ohne anzustoßen. Diesen Raum scheine ich zu kennen, obwohl es noch eher die Situation ist, an die ich mich als eine vertraute erinnere. Nächte im Predigerseminar fallen mir ein, in Zingst mit der würzigen Luft der Ostsee, später dann in Finkenwalde. Wir haben klare Zeiten der Ruhe vereinbart, dennoch bin ich mir gewiss, dass noch andere Brüder wachen. Ihre nächsten Menschen sind nicht in der Nähe. Einer weiß schon mit dem ersten Semester, wem seine Liebe gehört. Soll er zu ihr davon sprechen? Kann man in den Zeiten des Krieges einen Bund schließen, einen Baum am Rand des Brandes pflanzen? Andere ringen mit den verstellten, verbauten, verschütteten Perspektiven ihres beruflichen Weges. Drei alte Sprachen haben sie angezogen wie Kleider, die zuerst gar nicht passen wollen. Zahlen der Kirchengeschichte haben sie gelernt, sich Namen eingeprägt. Schicht um Schicht haben sie sich die alten Texte freigelegt, bis sie zu leuchten begannen. Dann kam, was sich immer wieder in der Geschichte des Glaubens wiederholt. Ein Mensch erhebt sich und seine Sache zum Götzen. Er lässt die Gläubigen am Leben, wenn sie ihm huldigen. Mehr will er oft nicht.

Es ist das Entscheidende. Man verbeugt sich und hat ein gebrochenes Rückgrat. Man schwört einen Eid und lebt danach mit der Lüge. Wer sich verweigert, gerät ins Abseits. Seine Karriere kann er vergessen. Oft verliert er weitaus mehr als sie. Die mit mir Wachenden werden wohl nie eine normale Pfarrstelle bekommen. Keine Pension wird ihr Alter versüßen. Die Leiter des Aufstiegs ist ihnen abgesägt.

Mein Wachen hat viele Ursachen. Gespräche klingen nach. Einen Brief schreibe ich in Gedanken immer wieder um. Trösten soll er, aber die Nachricht ist zu unfasslich. Mein Zorn in der Mittagsstunde verfolgt mich. Eine häusliche Arbeit war zu tun. Keiner meldete sich. So ging ich allein in die Küche, schloss von innen ab und spülte das ganze Geschirr. Ein Zeichen will ich setzen, ein Vorbild gerade in den praktischen Belangen sein, aber die Nacht fragt nach meinem Stolz. Das gemeinsame Leben ist voller Irrläufer. Nur so gelingt es manchmal. Seine Schönheit wächst aus Scherben. Wir sind Menschen. Die Nacht bringt die unhaltbaren Seiten zurück. Bis wir sie Ihm hinhalten, hinwerfen, hingeben.

Auch die Bilanz meiner Arbeit hält mich wach. Im Gegenübersein zählt jeder einzelne Mensch. Irgendwann aber schließe ich die Tür. Da liegt ein begonnener Text. Er erwartet mich mit einer unbezwingbaren Geduld. Das letzte Wort will er gar nicht haben, aber noch ein spätes hinzugefügt bekommen. Meine theologischen Texte sollen sich nicht von unserer gemeinsamen Praxis verabschieden. Die Nacht verirrt sich ohne den Tag. Die Lehre atmet erst durch das Leben.

Der Traum lässt mich nahe an eine Innenwand treten. Lange stehe ich vor ihr – ohne Angst, ohne Hast und ohne Schmerzen. Eine Erwartung ist in mir erwacht, und doch habe ich nichts als diese Leere. Auf einmal verändert sich etwas. Der Raum um mich ist weiterhin dunkel. Das Licht hat keine Quelle in ihm. Dennoch funkelt und blitzt es vor meinen Augen. Ein neuer Tag ist aufgezogen. Durch Ritzen und Astlöcher der Latten dringt er ein. Der Traum hat den ersten Dämmer und das glutige Morgenrot übersprungen. Sie ist da. Endlich. Die Sonne! Den Schatten nimmt sie ihre Macht. Die Kälte verbannt sie. Alles erwacht. „Schwester" hat Franziskus sie genannt, ich habe keinen Vergleich für sie. Nie spüre ich mein eigenes Leben stärker als unter ihren Strahlen. Wir tollen im riesigen Breslauer Garten. Das „Birkenwäldchen 7" ist am schönsten, wenn ich seine Fenster, Fassaden und das Dach von außen sehe, ausgestreckt im Gras, von den Halmen gekitzelt, von der Sonne gestreichelt. Das Baumhaus im Garten von Wölfelsgrund bringt mich ihr um einige Meter näher. In einem Ferienhaus wird man nicht so oft zu Pflichten gerufen. Es gibt mehr Sonnenstunden. Berlin sperrt in vielen seiner Straßen ja ihr Licht aus. Im Grunewald aber hat die Sonne Raum. Wären die Eltern sonst mit uns dorthin gezogen? Dann ist da ja auch noch Friedrichsbrunn, ein einziger, großer Garten, eine Wanne voller Licht. Denke ich an das Glück auf dem Weg, sind ihre Strahlen nicht weit. Meine Biographie hat eine innere Linie von Sonnenstunden. Ihnen habe ich vertraut. Wenn es so etwas wie eine ureigene Richtung gibt, dann weist meine ins Licht. Bei einem Gemeindefest in Barcelona spüre ich die warme Erde durch meine helle Kleidung. Wir sitzen auf dem Boden, ja ich liege wie ein Römer, im Glück des Augenblicks. Der Sommer ist noch nicht geflohen, als ich 1930 in New York ankomme. Es gibt eine Bank im Garten des „Union Theological Seminary", meine Bank. Man sitzt auf ihr und setzt sich der Sonne aus. Das Licht ist der Pate einer guten Theologie. Weihnachten erlebe ich in Kuba. Ein paar Monate später fahren wir mit einem geliehenen Auto durch Mexiko. An eine Panne erinnere ich mich, an sengende Hitze, Öl und Schweiß, an die Geduld miteinander, wenn es gilt, eine Lösung zu finden. Jean Lassare hat diese Ruhe in sich. Misstrauen hielt mich anfangs von ihm ab, Versailles im Rücken. Dann wird dieser französische Christ für mich zu einem Übersetzer des Evangeliums in unser Leben. Mein Freund wird er, Weggefährte und Gesprächspartner, auch wenn uns hunderte von Kilometern trennen. Heimgekehrt sehe ich die Schatten wachsen. Rar macht sich die Sonne. Man muss sie suchen. Am Saum der Ostsee finde ich sie wieder. Der Zingsthof ist keine Nobelakademie, aber wir können dort arbeiten und beten, feiern und lernen. Der Strand ist nahe. Nichts schiebt sich mehr zwischen die sanfte Stärke von oben und meine Haut. Der Weg zum Gutshaus derer von Kleist-Retzow ist eine Sonnenallee. In meinen Gedanken an Maria funkelt und leuchtet ein inneres und ein äußeres Licht. Die zweite Fahrt in die Vereinigten Staaten gilt auch der Klarheit und dem Glanz dortiger Weite. Aber ich muss in diesem Sommer 1939 zurück in ein Land, dessen Waffen schon eine riesige Wand bilden, eine Mauer, die Aussperrung des Lichts. Auf der Rückfahrt sitze ich mit Sabine für ein kostbares Zwillingsgespräch im Garten der Pension ihres Londoner Exils. Eine

Schattenlinie teilt das Grün des Rasens. Längst sind wir Menschen in einem Dazwischen.

Im Traum stehe ich im Dunkel. Eine Wand trennt mich von der Sonne. Nur hier und da findet ein Strahl seinen Weg durch Ritzen. Aber ich spüre sie. Spüre das Licht und die Wärme. Spüre eine österliche Helle. Eingeschlossen bin ich wie so viele Menschen, abgetrennt, verbannt. Noch eine Zeit. Noch manchen Traum. Noch ein wenig.

Berlin, heute

Auf den Wassern liegt weißer Morgenhauch. Die Sphären mischen sich. In das Dunkel der Nacht wandern Lichtpartikel ein. Die Kunstwerke der Museumsinsel verabschieden sich von ihren nächtlichen Gästen aus der alten Heimat.

Im Reichstag brennen Lichter in einzelnen Räumen. Als vor siebzig Jahren Flammen darin züngeln, muss Karl Bonhoeffer den jungen Angeklagten untersuchen. Der erfahrene Seelenarzt findet keine Anhaltspunkte für eine Unfähigkeit zur Schuld. Und wird darin selber schuldig. Ein Totenschein ist damit vorbereitet. Die eigentlichen Brandstifter verbrennen die bürgerlichen Rechte gleich mit. Mühsam Errungenes und mit unsäglichen Opfern Besiegeltes wird im Rausch einer vermeintlichen Erneuerung eingeäschert. Wer den Feinden des Lebens Freiheit lässt, kerkert sich selbst ein. Dietrich Bonhoeffers Vater und viele Frauen und Männer mit ihm erkennen bald, dass es keine Neutralität gegenüber dem Bösen gibt. Diese Klarheit und das daraus erwachsene Engagement wird zu ihrem kostbaren Erbe.

An den weißen Sockeln von Imbissbuden lehnen verschnürte blaue Säcke. Vogelstimmen erwachen. Polizisten vor der großen Synagoge vertreiben die Kälte und den Schlaf. Riesige Monitore zeigen die Neuheiten der Funkausstellung, auch wenn sich noch kein Auge in ihnen verfängt. Ein jammerndes Kind findet Ruhe auf dem schwankenden Unterarm seines schlaftrunkenen Vaters. Packen von Zeitungen werden aus grauen Lieferwagen gereicht und vor eingenickten Kiosken aufgestapelt. Zwei Joggerinnen mit Kapuzenshirts begrüßen sich an einer Ampel. Die erleuchteten Flure der Kliniken verlieren ihre Helligkeit. Ein Tag bricht an.

Wieder wird Zeit sein zu lachen und zu weinen, zu essen und zu arbeiten, sich zu verabreden und zu verabschieden, Glück zu verschenken und Kummer zu lindern. Die Gegenwart ist eine Chance. Wie sie sich gestaltet, ist niemals gleichgültig. Zeit gehört zu den Urgeschenken des Schöpfers. Wer sie entstellt, ja vergiftet, sollte mit dem entschlossenen Widerstand mutiger Menschen rechnen.

Spuren sind zu spüren. Für Augenblicke nur. Die Frühe setzt eine Ahnung davon frei, dass wir nicht allein sind. „Gute Mächte“ nennt Dietrich Bonhoeffer solche Wirklichkeiten. Zu ihnen gehören auch gute Gefährtinnen und Gefährten. Wie er. Seine Zeit hat er genutzt und genossen. Als sie zu einer Passion wurde, entdeckte er die Liebe als ihren eigentlichen Sinn. Er hat gedacht und geschrieben, gepredigt und getröstet, gekämpft und gerungen, gesungen und gebetet im Wissen um eine im Ewigen wurzelnde Zukunft. In ihrer Gegenwart friedlich zu leben und ihr ein menschliches Gesicht zu bewahren ist ein Vermächtnis dieses wachen Träumers.

Dietrich Bonhoeffer – Stationen seines Lebens

1906	Geburt in Breslau am 4. Februar.
1912	Die Familie zieht nach Berlin.
1923	Studium der Theologie, zunächst in Tübingen.
1924	Rom-Reise. Fortsetzung des Studiums in Berlin.
1927	Promotion („Sanctorum Communio“).
1928	Examen. Vikariat in Barcelona.
1930	Habilitation („Akt und Sein“).
1930/31	Forschungsaufenthalt in New York.
1931	Privatdozent für Systematische Theologie in Berlin. Ordination. Studentenpfarrer.
1933	Mitbegründer des „Pfarrernotbundes“. Übernahme eines Pfarramts in London.
1934	Ansprache über den Frieden bei der Ökumenischen Konferenz auf Fanö. Der erhoffte Besuch bei Mahatma Gandhi in Indien scheitert an terminlicher Überlastung.
1935	Verantwortung für das Predigerseminar auf dem Zingsthof und dann in Finkenwalde.
1937	Polizeiliche Schließung des Seminars. Lehrverbot.

1938	Aufenthalte in Berlin nur noch aus privaten Gründen gestattet. „Gemeinsames Leben“.
1939	Verfrühte Rückkehr aus den USA, um in Deutschland wirken zu können.
1940	Reisen durch Ostpreußen für die „Bekennende Kirche“. Redeverbot. Mitarbeit in der Abteilung Abwehr als Tarnung für das Engagement im Widerstand.
1941/42	Reisen in die Schweiz, nach Schweden, Norwegen und Italien sollen das Ausland informieren und wachrütteln.
1943	Verlobung mit Maria von Wedemeyer. Verhaftung am 5. April. Untersuchungshaft in Tegel. Kurze Sprechzeiten mit seiner Verlobten und heimlicher Briefwechsel mit Eberhard Bethge.
1944	Verzicht auf einen Fluchtversuch, um nahe Angehörige nicht zu gefährden. Verlegung in das Gestapo-Gefängnis in der Prinz-Albrecht-Straße.
1945	Über Buchenwald, Regensburg und Schönberg nach Flossenbürg. Ermordung am 9. April.

Oliver Kohler

1958 in Stuttgart geboren. Studium der Geschichte und Germanistik in Tübingen, Wien und Jerusalem. „Leopold-Lucas-Preis der Universität Tübingen für Nachwuchswissenschaftler“. Historische Dissertation über die Abtei „Dormitio“ in Jerusalem. Veröffentlichungen u. a. über Jochen Klepper, Jerusalem, Kindheit und Lebensmitte. Mehrere Lyrik-Bände. Lebt als Schriftsteller und Publizist in Mainz.

Danken möchte ich

Allen Autorinnen und Autoren, Verlagen und Archiven, die Biographie und Werk, Texte und Taten, Gedanken und Gebete Dietrich Bonhoeffers überliefern.

Professor Dr. Rüdiger Görner
für seinen inspirierenden Rat.

Joel, Marcel und Benjamin,
in denen sich Leben so vielgestaltig zeigt.

Elisabeth für ihr Vertrauen und ihre Ermutigung.

Andreas Felger

1935 am Fuß der Schwäbischen Alb geboren. Studium an der Kunstakademie München. Zahlreiche Ausstellungen im In- und Ausland. Viele Buchveröffentlichungen. In seinem weit gespannten künstlerischen Werk begegnen sich Natur, Musik, Zeitgeschichte und biblische Offenbarung. Andreas Felger lebt in der Kommunität der Jesus-Bruderschaft in Hünfelden-Gnadenthal.

Mehr über den Künstler erfahren Sie im Internet: www.af-kulturstiftung.de

Aquarelle (in der Reihenfolge der Seiten):
„Ohne Titel" · 1999 · 55,0 x 39,0 cm
„Ohne Titel" · 1998 · 55,5 x 75,5 cm
„Ohne Titel" · 1999 · 55,0 x 35,0 cm
„Ohne Titel" · 1997 · 55,5 x 75,5 cm

Präsenz Kunst & Buch veröffentlicht dieses Buch in Erinnerung an Dietrich Bonhoeffer, dessen Gedanken den Aufbruch der Jesus-Bruderschaft in Gnadenthal vor mehr als 30 Jahren maßgeblich inspiriert haben.

Rechtsnachweise:

Der Titel des Buchs und das Zitat auf S. 12 stammen aus dem Gedicht „Stationen auf dem Wege zur Freiheit". Dietrich Bonhoeffer schrieb es während seiner Haft.
Veröffentlicht in: Widerstand und Ergebung.
Herausgegeben von Christian Gremmels, Eberhard Bethge und Renate Bethge in Zusammenarbeit mit Ilse Tödt.
© by Gütersloher Verlagshaus, Gütersloh,
in der Verlagsgruppe Random House GmbH, München.

Briefe von Dietrich Bonhoeffer an Maria von Wedemeyer,
20.8.1943 und 21.11.1943
Aus: Brautbriefe Zelle 92
Dietrich Bonhoeffer, Maria von Wedemeyer (1943-1945)
Herausgegeben von Ruth-Alice von Bismarck und Ulrich Kabitz
Verlag C. H. Beck, 4. Auflage 2004

Albrecht Goes · Musik
Aus: ders., Leicht und schwer. Siebzig Jahre im Gedicht
© S. Fischer Verlag GmbH, Frankfurt am Main 1998

Reinhold Schneider · Das Vaterunser
Aus: Gesammelte Werke
© Insel Verlag, Frankfurt am Main, 1980

Edith Stein · Die Seinssicherheit...
Aus: Edith Stein · Das Kreuz wie eine Krone tragen
Herausgegeben von Manfred Baumotte
© Benziger Verlag, Zürich u. Düsseldorf, 3. Auflage 2001

Briefe von Maria von Wedemeyer an Dietrich Bonhoeffer,
8.10.1943 und 27.11.1943
Aus: Brautbriefe Zelle 92
Dietrich Bonhoeffer, Maria von Wedemeyer (1943-1945)
Herausgegeben von Ruth-Alice von Bismarck und Ulrich Kabitz
© Verlag C. H. Beck, 4. Auflage 2004
© 1990 Estate of Maria Weller